국경을 걷다

황재옥의 평화 르포르타주,
북한 국경 답사기

국경을 걷.다.

황 재 옥 의
평화 르포르타주,
북한 국경 답사기

초판 1쇄 인쇄 2013년 7월 30일
초판 1쇄 발행 2013년 8월 10일

지은이 | 황재옥
펴낸이 | 이영선
펴낸곳 | 서해문집
이 사 | 강영선
주 간 | 김선정
편집장 | 김문정
편 집 | 허 승 임경훈 김종훈 김경란 정지원
디자인 | 오성희 당승근 안희정
마케팅 | 김일신 이호석 이주리
관 리 | 박정래 손미경

출판등록 | 1989년 3월 16일 (제406-2005-000047호)
주 소 | 경기도 파주시 문발동 파주출판도시 498-7
전 화 | (031)955-7470 | 팩스 (031)955-7469
홈페이지 | www.booksea.co.kr | 이메일 shmj21@hanmail.net

ⓒ 2013 황재옥
ISBN 978-89-7483-612-2 03340
이 도서의 국립중앙도서관 출판시도서목록(CIP)은 e-CIP 홈페이지(http://www.nl.go.kr/ecip)에서
이용하실 수 있습니다.(CIP제어번호: CIP 2013012600)

국경을 걷다

황재옥의 평화 르포르타주,
북한 국경 답사기

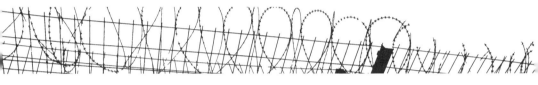

코리아의 국경 1376.5km가 품은 소통과 교류,

그리고 사람들 이야기

서해문집

정세현 원광대학교 총장, 前 통일부 장관

2012년 8월 초, 나를 포함한 세 명의 전임 통일부 장관들과 이 책의 저자인 황재옥 박사를 포함한 다섯 명의 북한 전문가들이 8박 9일 동안 압록강 하구 단둥丹東에서 두만강 하구 팡촨防川까지 북-중 접경 지역을 답사한 적이 있다. 주로 문헌자료로 북한을 연구했고 북한에 가더라도 북한 당국이 안내해주는 곳만 보았던 우리 일행 여덟 명은 북한의 '맨얼굴'을 보기 위해서, 가능한 한 압록강과 두만강에서 가까운 길만을 선택했다. 강 건너 마을이 보이는 곳에 이르면 반드시 차에서 내려 육안이나 망원경으로 건너편 북한 마을의 풍경과 주민들의 생활 모습을 세심하게 관찰하였다. 참으로 값진 경험이었다.

북-중 국경인 압록강과 두만강의 총 길이는 1,376.5킬로미터, 약 3,500리 정도였지만, 차가 다닐 수 있는 길은 그 두 배가 넘어 거의 7,000리나 되었다. 우리가 타고 다닌 자동차의 계기판에 그렇게 나왔다. 8박 9일 만에 7,000리를 가려니 차창 밖으로 스쳐 지나가는 북한의 산하를 구경만 해야 하는 경우도 적지 않았다. 그러다 보니 우리의 북-중 접경 지역 답사는 차중 세미나를 겸하게 되었다. 이미 지나온 곳과 찾아가고 있는 곳에 대한 역사·지리 지식이나 정보를 일행 모두 공유하게 되었고, 어떤 문제점이 나오면 즉석에서 그 원인 분석이 이루어졌다. 어찌 보면 답사가 아니라 일행 여덟 명 모두가 발제자가 되고 토론자가 되는 '모바일 세미나'였다.

그런데 우리 일행 중에 유난히 열심히 메모를 하고 수시로 질문도 하면서 사진도 만만치 않게 많이 찍는 사람이 있었다. 이 책의 저자였다. 인천공항을 떠날 때부터 8박 9일 동안 쉴 새 없이 적고 찍더니, 답사에서 돌아온 뒤 2012년 9월 27일부터 12월 20일까지 매주 목요일마다 인터넷 신문 〈프레시안〉에 '압록-두만에서 바라본 북한의 오늘'이라는 제목의 답사기를 총 13회에 걸쳐 연재했다. 물론 답사기에는 '모바일 세미나' 내용도 일부 반영되었지만, 저자가 사전·사후에 정리한 역사·지리 지식과 최근 정보도 많이 반영된 것 같았다. 우리가 현장에서 듣지 못한 얘기도 많이 들어가 있었으니까. 형식은 답사기였지만 내용상 북-중 관계사 같은 대목들도 많았고, 현재의 북-중 경제협력 리포트 같은 부분도 적지 않았다.

이제 '국경을 걷다'라는 이름으로 출판되는 이 책은 작년 가을부터 겨울까지 연재되었던 답사기의 수정·증보판이라고 할 수 있다. 뼈대는 그대로지만, 책으로 내면서 살을 많이 붙인 것 같다. 연재물이 갖는 지면 제한 때문에 충분히 얘기 못했던 부분들에 대해 설명을 추가했고, 답사기 연재 이후 북-중 관계에 대한 최신 정보도 추가되었다.

그리고 중국 내 불법 북한 노동자 헤이공黑工 얘기나 북한 여성들의 지위, 북한의 경제 성장 지표 및 사회 양극화 현상, 북한의 새로운 관광 상품, 조선인의 만주 이주 역사 등에 대해 보론 형식으로 설명을 했다. 게다가 북한 쪽 마을과 주민들의 모습을 담은 사진들도 많이 추가되어, 언제 이 많은 사진들을 찍었을까 싶었다. 사진들을 보노라니 답사 당시 장면들이 아련히 되살아나면서, 다시 그곳에 가고 싶은 마음이 들기도 했다.

이 책이 전체적으로 틀이 꽉 짜인 학술 서적은 아니다. 그러나 이 책에는 북-중 접경 지역과 주변 도시들의 역사·지리에 대한 상식 수준 이상의 지식이 담겨 있다. 북-중 간 주요 정치·외교·경제 관계에 대한 사회과학적 분석도 군데군데 녹아 들어가 있다. 물론 최근의 북-중 경제협력에 대한 정보도 포함되어 있다.

때문에 이 책은 북한에 대한 생생한 지식과 정보에 관심이 있는 분들이 한 번은 꼭 읽어볼 필요가 있는 책이라고 할 수 있다. 장차 북-중 접경 지역을 답사하고자 하는 분들은 사전 정보와 지식 입수 차원에서, 그리고 이미 답사 경험이 있는 분들은 그 지역 상황과 북-중 관계에 대한 재정리 차원에서 읽어볼 가치가 있다고 본다. 이 책은 독자들이 바람직한 남북관계 발전 방향에 대한 통찰력을 갖추는 데도 도움이 될 수 있으리라고 생각한다.

2012년 여름, 나는 북한학 학자로서 의미 있는 답사를 다녀왔다. 북한을
연구하는 학자들은 연구차 또는 학회 참석차 옌볜연변을 방문하거나 접
경 지역의 중국 도시들을 방문하곤 한다. 북한의 상황과 변화를 현지에
서 듣고 보는 것은 북한 연구자들에게 현실적인 사고와 새로운 정보를
얻는 중요한 기회이다. 그리고 북한에 직접 들어가 볼 수 없는 상황에서
강 건너에서나마 북한을 보고 느끼고 온다는 것은 '오늘의 북한'을 읽고
연구하는 데 도움을 준다.

특히 최근 몇 년 동안 남북 교류가 꽉 막혀 있는 상태에서 북한의
사정이 어떤지, 어떤 변화가 일어나고 있는지 알 길이 별로 없었다. 민간
교류까지 답보된 상태라서 전해 들을 수 있는 정보와 소식도 영 시원찮
았다. 그러던 차에, 북한을 학문적으로 연구하고 남북관계의 최전선에서
북한과 직접 대화도 많이 했던 분들과 함께 압록강 끝에서 두만강 끝까
지 답사를 하게 된다는 말을 듣고, 나는 떠나기 훨씬 전부터 무척 설레
었다.

1998년 8월, 나는 중국에서 우리 한민족이 가장 많이 살고 있는 옌
볜 땅을 처음 밟았었다. 관광 목적이 아닌 연구 차원의 중국 방문은 그
때가 처음이었다. 우리는 먼저 옌볜에 들러 그곳 학자들과 학회를 하고,

우리를 도와줄 학자 2~3명과 함께 10인승 정도의 봉고차를 빌려 답사를 했다. 당시 답사는 백두산을 중심으로 압록강과 두만강의 접경 지역 일부만을 돌아보는 약식 답사였다. 답사 기간이나 움직인 거리가 이번 답사의 3분의 1 정도밖에 되지 않았다. 백두산 관광도 일반인들에게 보편화되어 있지 않았고 지도마저 변변치 않은 상황에서, 오지 같은 변경 지역을 찾아간다는 것은 당시로서는 쉬운 일이 아니었다. 자동차로 이동한다는 것조차 엄두가 나지 않는 일이었다.

당시 중국의 도로 상황은 매우 안 좋았다. 차도라고 할 수 없는 길은 비만 오면 진흙탕이었고, 도로도 나 있지 않은 곳을 '물어 물어' 찾아가야 했다. 어느 날 밤엔가는 질펀하고 울퉁불퉁한 산길을 돌다 길을 잃기도 했다. 칠흑 같은 어둠 속에서 누군가에게 길을 물어야 하는데, 지나가는 자동차나 사람 하나 없는, 인적이라고는 찾아볼 수 없는 그런 길이었다. 사실 그 같은 어둠 속에서 누군가와 마주치는 것도 두려웠다. 그렇게 우리는 번듯한 지도 한 장 없이 오로지 인솔자의 기억과 감感으로 찾아다녔다.

1998년은 북한이 심각한 식량난과 경제난으로 먹는 사정이 가장 안 좋은 때였다. 1990년대에 기아로 죽어간 북한 주민의 수는 250만 명 정도라고 밝혀지고 있으나, 이보다 더 많은 수의 어린이를 포함한 북한 주민이 굶주림으로 죽어 나갔다. 북한 당국의 비공개로 당시의 실상이 정확하게 파악되지는 않았지만, 밝혀진 숫자만으로도 1990년대 북한의 식량 사정이 얼마나 참혹했는지 알 수 있었다.

그 같은 예비지식을 갖고 강 건너 북한을 바라보는 내 심정은 편치 않았다. 눈으로도 북한의 참담한 상황을 확인할 수 있었기 때문이다. 당시 강 건너 북한은 그 어려운 시기를 이겨낸 흔적들이 고스란히 남아 있었다.

강 건너 북한 마을은 '쥐 죽은 듯이' 고요했고, 간혹 강가에 나와 멀뚱히 앉아 건너편을 응시하는 북한의 남녀노소들은 팔다리조차 움직일 힘이 없어 보였다. 며칠을 굶었는지 그들의 눈은 퀭하니 초점을 잃은 듯했다. 차림새도 얼마나 남루했던지, 칙칙한 빛깔의 옷은 조금만 당겨도 찢어질 듯 낡아 보였다. 그들의 얼굴에서는 웃음기를 찾아볼 수 없었고, 강 건너 상대방을 향해 손을 흔드는 모습도 전혀 기대할 수 없었던 것으로 기억한다. 그리고 뜨거운 8월의 태양 아래 간혹 눈에 띄는 자동차와 트랙터들은 멈춘 지 오래된 듯 보였고, 자동차의 녹슨 흔적은 멀리서도 확인할 수 있었다. 당시에는 여럿이 모여서 작업하는 북한 주민들의 모습도 눈에 띄지 않았다.

답사 떠나기 전에 휴전선 이북 전 지역이 칠흑같이 까맣게 나온 인공위성 사진을 보았었는데, 당시 강 건너에서 바라본 혜산시가 바로 칠흑 그 자체였다. 해가 지고 나니 불빛 한 점 볼 수 없을 정도로 깜깜했다. 북한의 전력난이 심각하다고는 들었지만, '단 한 점'의 불빛조차 찾아볼 수 없을 줄은 정말 상상도 못했었다.

당시 북한은 모자라는 식량을 해결하기 위해 주민들에게 '뙈기밭' 경작을 권장했는데, 사람이 올라갈 수 없는 산 정상까지 '뙈기밭'으로 보이는 밭들이 있었다. 땔감으로 모조리 사용된 탓인지 산에 나무라고는 전혀 찾아볼 수 없었고, 여름장마가 지난 자리에 토사가 흘러내린 흔적들이 산기슭 곳곳에 남아 있었다.

심각한 경제난과 식량난을 겪고 난 뒤의 북한 상황이 몹시 궁금했었는데, 가장 극심했던 식량난이 몇 년 지나고 난 뒤임에도 불구하고 북한의 사정은 여전히 최악이라는 것을 확인할 수 있었다. 한편 그 당시 굶주림을 이기지 못해 탈북하여 중국으로 건너온 '꽃제비' 이야기가 한국의 공중파를 통해 방영되었다. 이는 1990년대 북한의 인권 침해 상황에 국제 사회의 관심을 집중시키는 계기가 되기도 했다. 기아로 죽은 북한 주민들의 생명권과 식량권 문제, 탈북자에 대한 북한 당국의 고문과 살해, 북한 인권 참상에 대한 국제 사회의 고발은, 북한 인권 문제가 북한 정권의 문제를 넘어 국제 문제화되는 시작이 되기도 했다.

2012년 8월 3일부터 11일까지, 8박 9일 동안 진행된 이번의 중국 방문도 북한 연구 차원에서 참여하게 됐다. 전직 장관님들을 포함해 대북 관련 단체에서 활동하는 전문가와 학자 등 모두 여덟 명이 함께했는데, 압록강 하류에서 상류를 거쳐 백두산, 그리고 백두산 정상에서 두만강 상류를 거쳐 하류까지 북-중 접경 지역 전체가 포함되어 있는 일정이었다.

특히 이번 답사는 남북관계가 교착된 상태에서 북-중 관계의 발전과 변화는 어느 정도인지, 그리고 변방 지역이기는 하지만 북한 지역에 어떤 변화가 일어나고 있는지를 감지할 수 있을까 하는 바람으로 출발했다. 그리고 우리 땅이면서도 갈 수 없는 곳을 먼발치에서라도 바라보면서 요즘 북한 주민들의 사는 형편은 어떤지 소문이라도 듣고 싶었다.

우선 가장 놀란 첫 번째 사실은, 중국 변방의 인프라 투자가 엄청난 발전을 보이고 있다는 사실이었다. 그리고 이러한 투자가 북한과의 교역·교류를 목적으로 진행되고 있으며, 그동안 낙후된 동북 3성지린 성, 랴오닝 성, 헤이룽장 성의 발전과 연계되어 있다는 점이었다.

두 번째는 중국의 '동북공정'이 학문적 단계를 넘어 실질적으로 진행되고 있다는 점이었다. 우리의 역사를 왜곡하면서까지 우리의 문화와 유적 연구에 열을 올리는 중국의 의도가 더욱 노골화되고 있었다.

그리고 세 번째는, 중국의 경제 발전과 맞물려 북한과의 경제 교류가 활기를 띠고 있으며, 강 건너로나마 북한 주민들의 형편이 다소 나아진 듯 보인다는 점이었다. 우리를 건너다보는 북한 주민들의 미소와 아이들의 웃음소리를 통해, 그리고 그들의 일상의 모습을 보면서 그들의 삶이 예전보다 나아졌음을 피부로 느낄 수 있었다.

2012년 8월의 서울은 이상고온으로 무척 더웠는데, 한참 더울 때 척박한 지역으로 삼천리 대장정을 떠나려니 집을 떠난다는 것이 좀 불편하게도 생각되었다. 그리고 열악하다고 생각되는 중국 변방 도시들에 대한 선입견으로 '고생 좀 하겠네' 하는 마음으로 출발한 것도 사실이었다. 그러나 '끝에서 끝'으로 연결되는 북-중 접경 지역을 또 언제 가볼 수 있을까 생각하니, 이런 기회는 다시 올 것 같지 않았다. 그리고 대단한 현장 경험과 학식을 지닌 북한 전문가들과의 동행은 내게 큰 의미를 부여했다.

첫 도착지인 다롄 국제공항은 우리의 김포공항보다 크면 컸지 작지 않았다. 규모나 시설 면에서 현대적 수준이었고, 사람들도 많이 북적였다. 활기가 느껴졌다. 변방에 위치한 국제공항의 규모에서 중국의 경제력과 중국인들의 삶의 질이 많이 발전했음을 느끼지 않을 수 없었다.

또한 '압록강 끝에서 두만강 끝까지' 북-중 접경 지역을 완주한 '삼천리 대장정'은 내게는 다시 경험하기 어려운 '달리는 현장 세미나'였다.

강 건너 북한과 맞닿아 있는 중국 지역을 지날 때마다 그 지역과 관련된 북-중 간 역사는 물론이거니와 현재의 북-중 교류 상황에 대한 이야기들이 달리는 차 안에서 이루어졌다. 정치, 경제, 사회 전반을 아우르는 다양한 주제로 이야기꽃을 피웠는데, 긴 이동 시간이 전혀 지루하지 않았다.

북-중 국경선은 1,376.5킬로미터, 약 3,500리에 해당한다. 그러나 우리는 이보다 훨씬 더 많은 거리를 이동했다. 실제로 8박 9일 동안 우리가 주파한 거리는 2,800킬로미터, 즉 7,000리나 됐다. 참으로 멀고 험난한 여정이었다. 시간문제나 교통문제로 쉽게 접근하기 어려운 곳들이 이번 답사에 많이 포함되어 있었다. 특히 철조망 사이로 북한의 최전방 국경 초소와 북한 땅을 지호지간指呼之間의 거리에서 바라볼 수 있다는 것은 그 어느 곳에서도 경험할 수 없는 특별한 경험이었다.

역사적으로 전 세계에 분포된 접경 지역은 배타적인 대치 공간이었다. 그러나 20세기 말에 이르러 접경 지역은 세계화·개방화가 이루어지면서 접촉과 교류가 허용되는 개방 공간으로 변모했다. 특히 북-중 접경 지역은 역사적·지리적으로 양국의 이해와 관계가 교차하고 있는 지역이니만큼 현재의 북-중 관계를 그 어느 곳보다 잘 보여주는 곳이라 해도 지나치지 않을 것이다. 이번 답사는 북한과 중국이 그동안 얼마나 발전하고 어떻게 변화했는지를 직접 눈으로 확인하고 귀로 듣기 위해서 시작한 답사였기에, 떠나기 전 서울에서 생각했던 것들과 차이가 있다면 얼마나 차이가 있고, 혹시라도 놓치고 있는 다른 사실들은 없는지 확인하고 싶었다.

결과적으로 이번 답사를 통해, 중국에게 북한은 여러 가지 의미에서 특별한 국가라는 생각이 새삼 들었다. 정치적인 혈맹관계를 운운하지 않더라도, 만약 북한이 국제 사회에서 '왕따'를 당하는 경우가 있더라도 중국을 잘 활용하면 경제적·정치적으로 근근이 체제를 유지해 나갈 수 있지 않을까 하는 생각마저 들었다. 북한과 중국은 결국 자신의 국익을 위해 양국 관계를 진행해 나가겠지만, 중국의 적극적인 대북 접근과 대북 정책이 현실로 나타나고 있음을 접경 지역의 도시를 둘러보고 나서 확인할 수 있었다. 중국의 노골적이고 적극적인 북한 접근에 마음이 편치 않았다. 중국은 동북 3성 지역의 발전을 북한과의 경제 교류와 연계하여 진행 중이었고, 이는 동시적으로 이루어지고 있었다.

북한의 신의주, 무산, 혜산 등을 바라보노라니 1990년대 중반의 극심한 식량난이 언제였던가 싶었다. 북한 주민들의 밝은 옷차림과 아이들의 웃음소리를 통해 그들이 먹고사는 형편이 나아졌음을 볼 수 있었다. 그리고 그들이 정치보다 개인적인 문제에 더 많은 관심을 갖고 있다는 말도 전해 들을 수 있었다. 이제 북한의 도시들은 예전의 '죽은 도시'가 아닌 '사람이 살고 있는 도시'로 느껴졌다.

7,000리 길을 가기에 8박 9일이라는 시간이 긴 시간은 아니었다. 오히려 너무 짧다는 생각이 들 정도였다. 압록강변과 두만강변의 접경 지역만을 살펴보기에도 시간이 모자랄 정도로 아쉬움이 남는 답사였다. 그러나 남북관계가 경색되고 민간 교류마저 끊긴 상황에서, 아주 가까이서 북한의 변화와 북-중 관계의 현주소를 눈으로 확인할 수 있었다는 것은 참으로 의미 있는 일이었다. 더 나아가 한반도와 인접하고 있는 중국과 러시아, 일본을 포함한 앞으로의 동북아시아 정세까지 생각해볼 수 있는 귀한 시간이었다.

이번 답사를 통해 중국과 북한의 도시와 마을들을 돌아보면서 내가 갖게 된 중국 및 북한에 대한 '감感'은 한마디로 '변화'였다. 중국의 경제 발전은 오지인 변방에까지 이르고, 그러한 경제 성장의 물결이 북한으로 이어지고 있다는 것이다. 그런데 그 속도가 매우 빠르게 진행되고 있었다. 북한과 중국을 연결하는 교량과 도로, 철로 등의 건설 현장을 보면서 앞으로 그곳을 오가게 될 차량과 물류의 규모를 짐작할 수 있었다.

그 속도감과 활기가 반갑지만은 않았다. 오랫동안 남북 교류가 교착된 상황에서 북한의 변화, 중국의 변화가 위기로 다가왔다. 더 늦기 전에 우리가 해야 할 일이 무엇인지 곰곰이 생각해보니 조바심이 났다. 북-중의 변화에 대응하는 우리의 변화가 요구되는 시점이었다.

2013년 6월

황재옥

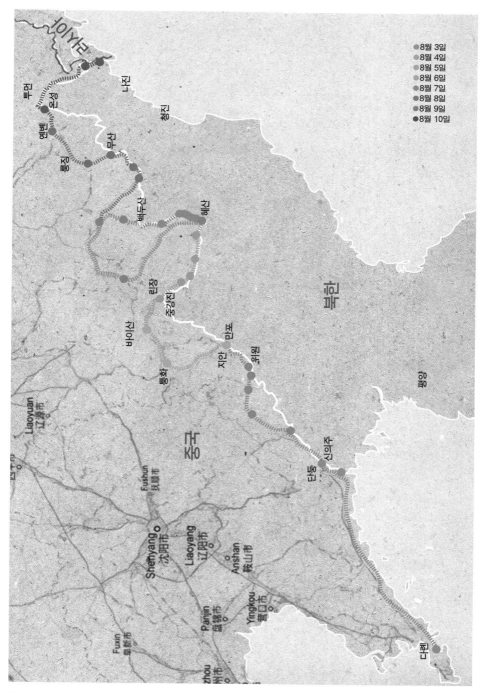

2012년 8월 3일부터 11일까지, 8박 9일간의 북-중 경계 답사 코스.

1376.5km

01

강 북쪽으로는
중국의 화려함,
남쪽으로는
북한의 척박함이...

\#   다롄 국제공항 전경.

1,376.5km

첫째 날 ① 다롄 → 황금평 특구 → 단둥

인천. 다롄. 단둥

8월 초순의 다롄大連으로 가는 비행기 안은 빈자리가 없을 정도로 꽉
차 있었다. 그리고 인천공항을 출발한 지 1시간 5분여 만인 오전 10시
경, 다롄의 저우수이쯔 국제공항에 도착했다. 서울에서 제주도 가는 시
간 정도밖에 걸리지 않았다. 기내에서 제공하는 아침식사 먹기도 빠듯
한 시간이었다. 아무리 가깝다 해도 이리 가까울 줄은 몰랐다. 압록강 하
류에 위치한 중국의 도시 다롄이 한 시간 거리 남짓이니, 중국이 우리와
얼마나 가까운 이웃인지를 새삼 깨닫게 해주었다.

중국 변방에 위치했음에도 불구하고 다롄 공항은 규모나 시설 면에
서 아주 현대적이었다. 중국 동북부에 있는 공항 중 승객 수, 물동량, 이
착륙 부문에서 15년 연속 1위를 차지했다고 한다. 2012년 운송 여객은
총 1,333만 명을 돌파했고, 1일 평균 이착륙 270편, 여객 3만 7,000명,
물동량 400톤이라고 한다. 현재 다롄 공항은 중국 내 60개 도시와 해외
15개국 30개 도시를 잇는 154개 항공 노선을 운항 중이라 한다.

급속한 경제 성장을 이룩한 중국이 '동북공정'에 이어 '동북진흥전
략'을 추진하면서 다롄 공항의 중요성이 그만큼 커진 것일까? 아마 남북
관계가 다시 활발해지면 다롄 공항은 더 바빠질 것이다. 한국의 많은 인
사들도 이 공항을 통해 드나들 일이 많아질 것이기 때문이다.

다롄은 일본이 만든 도시라고 한다. 그 옛날 고구려 땅이었던 다롄
은 청일전쟁 후인 1898년 러시아가 조차한 이후 '다리니러시아 말로 '멀다'
는 뜻'라고 명명되었고, 1904년에 발발한 러일전쟁 후 1905년 포츠머스

조약에 의해 일본이 조차권을 갖게 됐다. 일본은 중국어의 지명 '다롄만'에서 나온 '다롄'을 도시명으로 정했다.

현재 다롄 인구는 560만 명이고, 다롄이 속한 랴오닝 성遼寧省 전체 인구는 6,000만 명이라고 한다. 1990년대 개혁개방 이래 중국 동북부 내에서 눈부신 경제 발전을 이룬 곳이 바로 다롄이다. 2008년 다롄의 국내총생산GDP은 16.5퍼센트 증가했고, 국가통계국의 전국 평가에 따르면 중국 전체 도시들 가운데 8위의 경쟁력을 갖춘 도시라고 한다. 그리고 우리를 마중 나올 교수님도 다롄외국어대학 교수라고 했다. 다롄외국어대학은 동북 3성의 유일한 외국어대학으로, 이 대학의 한국어과에 1,000여 명의 학생이 재학 중이다.

우리는 이제 다롄에서 단둥丹東으로 이동할 것이다. 압록강 끝에서 두만강 끝까지의 일정이 드디어 시작된 것이다. 단둥에는 신의주와 연결되는 압록강 철교가 있으니, 멀리서나마 신의주를 바라볼 수 있을 것이다. 극히 일부지만 북한의 마을과 집, 그리고 사람들도 볼 수 있을 것이다.

20인승 전세버스가 우리 일행을 기다리고 있었다. 그리고 여행 내내 우리의 입과 손발이 되어줄 옌볜대학 석사 출신의 조선족 여학생이 나타났다. 예쁘고 다부지게 생긴 귀염성 있는 친구였다. 초·중·고를 모두 한족이 다니는 학교를 나왔다고 하는데, 우리말을 곧잘 했다. 옌볜대학은 중국에서 유일하게 한국어와 중국어가 공식적으로 함께 사용되는 대학이다.

버스를 타고 압록강 하구에 자리 잡은 단둥으로 향했다. 단둥까지는 약 300킬로미터, 서울-대구보다 먼 거리이다. 앞으로 4시간 정도 가야 했다. 초등학교 때 신의주는 풍부한 수풍발전소의 전력을 이용해 공업이 발달한 곳이라고 배웠는데, 최근에도 신의주는 북한이 산업을 개발하고자 하는 지역이다. 다만 2002년 당시 중국 측이, 북한이 신의주 특구 행정장관에 임명했던 중국인 양빈楊斌을 전격 체포하고 신의주 특구 개발에 제동을 걸었던 일이 있었던 때문인지, 2008년 북한은 신의주 특구 개발과 개방에 상당히 신중한 자세로 임했었다.

중국도 신의주-단둥 연계 개발과 함께 북한 땅인 황금평 개발에 적극적으로 나서고 있다. 2008년 6월 시진핑習近平 당시 국가 부주석은 북한을 방문해 김정일 국방위원장과 면담했다. 당시 북한과 중국은 북-중 간 제2압록대교 건설 계획과 신의주-평양 간 고속도로 건설에 합의했었다.

비가 부슬부슬 내리면서 주변은 옅은 회색빛이었다. 우리가 가는 방향의 오른쪽 차창 밖으로 북한을 볼 수 있을 것이다. 그리고 몇 시간 후에는 압록강에도 다다를 것이다. 도로는 시멘트로 포장되어 있었고, 다니는 차들은 그리 많지 않았다. 가끔 승용차들만 눈에 띌 뿐, 물건을 싣고 나르는 트럭도 자주 보이지 않았다.

놀라운 것은 왼쪽 차창 밖으로 엄청난 규모의 아파트 단지들이 들어서고 있다는 점이었다. 조성된 아파트 단지는 아기자기한 느낌은 전혀 없고 회색빛의 덩치 큰 거대한 건물들의 집합체였다. 변경 지역의 도시 개발 과정에서 주거용 시설들이 급속하게 조성되고 있다는 느낌을 받았다. 나중에 안 사실이지만, 중국의 다른 농촌 지역에 비해 다롄에서 단둥으로 이어지는 도로 주변 지역은 신도시 건설로 현대적인 모습을 갖추고 있었다. 이 도시로 유입되는 많은 노동력을 수용할 주거단지인

압록강 하류 다롄 시 건너편 어촌 모습.

아파트의 모습에 잠시 놀랐다. 오른쪽 차창으로는 중국 어촌의 모습이, 왼쪽 차창 밖으로는 도시화된 주거 형태가 한참동안 이어졌다.

얼마나 지났을까? 오후 3시 30분경 드디어 압록강 하류에 도착했다. 갯벌이 끝나고 들판이 나타났다. 드디어 북-중 경계를 알리는 철조망들이 눈에 들어오기 시작했다. 철조망 너머는 한반도, 북한 땅이다. 철조망 너머 북한 땅은 키 큰 풀과 잡목으로 우거진 널따란 평지가 펼쳐져 있었다. 강을 따라 올라가면 단둥과 신의주 사이에 위화도威化島가 있다.

현재 위화도는 평안북도 신의주시 상단리와 하단리에 딸린 섬이다. 14세기 고려 말, 요동 정벌을 위해 압록강까지 올라온 이성계가 개경으로 회군한 바로 그 위화도다. 만약 이성계가 위화도에서 회군하지 않고 요동 정벌을 감행했다면 진격했었을 방향을 우리는 거꾸로 돌아 온 셈이었다. 아마도 당시 이성계는 그의 눈앞에 펼쳐진 막막한 벌판을 보고 요동 정벌이 쉽지 않음을 간파한 것은 아니었을까. 지금 봐도 위화도를 지나 펼쳐진 중국 쪽 지역은 허허벌판이었다.

사이좋은 국경 지대,

황금평을
지나다

드디어 압록강 하구에 위치한 황금평黃金坪 섬이 손에 잡힐 듯 가까운 지점에 도착했다. 비가 온 뒤라 땅은 젖어 있었고 발 딛기가 쉽지 않았다. 우리 일행 말고도 자동차 서너 대에 나눠 탄 중국인 관광객들이 눈에 띄었다. 황금평 특구를 알리는 입간판이 북-중 경계선에 높이 걸려 있었다. 간판 너머는 바로 북한 땅 황금평이다. 입간판 오른쪽 옆으로도 북-중 경계선으로 보이는 철조망이 길게 늘어서 있었다.

중국 쪽 철조망은 새것인 듯 견고하게 만들어진 반면, 북한 측 경계선은 키가 낮은 콘크리트 기둥들을 연결하는 철조망이 녹슬고 엉성하게 보였다. 특구를 알리는 간판에는 "중국과 조선이 우호관계를 두텁게 하여 경제 번영을 함께 촉진하자. 군대와 지방이 마음을 모으고 협력하여 사이좋은 국경 지대를 함께 건설하자中朝睦邻友好 共促经济繁荣, 军地齐心协力 同建和谐边境"라는 내용이 씌어 있었다.

지명도 멋진 황금평 특구는 중국의 '일교양도—橋兩島' 개발의 일환으로 2011년 말에 시작되었다. '일교—橋'는 신新압록강대교를 지칭하고, '양도兩島'는 황금평과 위화도를 지칭한다. 황금평 특구의 시작은 북-중

1   황금평 특구의 북-중 국경 입구와 철조망.

2   황금평 특구를 알리는 입간판. "중국과 조선이 우호관계를 두텁게
하여 경제 번영을 함께 촉진하자. 군대와 지방이 마음을 모으고 협력하
여 사이좋은 국경 지대를 함께 건설하자"라는 내용이 씌어 있다.

경제협력의 단면을 가장 잘 보여주고 있으며, 최근 북-중 관계의 특성이 가장 잘 나타나는 곳이라 할 수 있을 것이다.

2008년 시진핑과 김정일의 면담에 이어 2009년 7월 15일 중국은 대북 정책을 조정, 전략적인 협력 관계로 나아갈 것을 천명했다. 주요 내용으로는 "① 한반도 비핵화, ② 북핵 문제는 미국이 책임지고 해결하고 중국은 이에 대해 협조한다, ③ 북한과 중국은 전통적 우호협력 관계를 확대 발전시킨다"는 것이었다. 이를 위해 중국은 "不戰평화, 不亂안정, 無核핵폐기"의 입장을 견지하겠다고 했다.

황금평은 북한과 중국 사이의 전통적 우호협력 관계를 발전시키고 중국의 '동북3성 진흥계획'[1] 추진과 맞물려 경제특구로 지정됐다. 중국의 '동북3성 진흥계획'은 동쪽으로는 북한의 나선 경제특구와 연계된 '창지투 선도개발구'창지투는 중국의 옛 공업 지역이었던 동북 3성의 창춘長春, 지린吉林, 투먼圖們을 지칭한다와, 서쪽으로는 황금평 개발이 포함된 '랴오닝 연해 경제벨트' 계획을 주요 내용으로 한다. 이는 낙후된 동북부 지역을 개발해 국제적인 물류 거점 지대로 조성하고자 하는 중국 정부의 경제개발 계획이다. 특히 북한과 국경을 맞대고 있는 이곳의 지역적 특성 때문에 북한과의 경제협력 확대를 전제로 하고 있다. 이후 북한과 중국은

---

1   중국 4세대 지도부인 후진타오 정부는 동북 3성의 경제 부흥을 목표로 '동북3성 진흥계획'을 수립하고, 서부대개발사업과 함께 강력한 의지를 갖고 추진했다. 특히 2003년에 발표된 '동북3성 진흥계획'과 2009년의 '창지투 선도개발 계획'은 상대적으로 낙후된 중국 동북 지역의 경제 발전을 목표로 한다. 동북 지역은 농산물·목재·건자재·광물과 석탄·석유 등 자원의 주요 생산지로서, 경제 발전 잠재력은 크나 교통 등 사회 인프라의 부족으로 발전이 늦어진 지역이다. 국제항인 다롄 항이 있음에도 물류 적체가 해소되지 않고 있다. 2012년 말 현재, 중국 동북 3성 지역의 연간 물동량은 1,300만 톤이다.

\# 황금평 특구 주변 지도와 황금평 특구 개발 안내도.

고위 수뇌부의 만남을 통해 구체적인 경제협력 방안들을 계속해서 모색해왔다.

2009년 10월 5일 북한을 방문한 원자바오溫家寶 중국 총리는 김정일을 만나 양국의 공동 경제특구를 만들자고 강력하게 제안했다. 여기서 우리는 중국이 먼저 공동 경제특구 건설을 제안했다는 점에 주목할 필요가 있다. 그리고 양국의 국경선인 접경 지역에 경제특구를 만들자는 것은 전적으로 중국의 구상이었다고 한다. 그 이유를 여러 가지로 추측할 수 있지만, 혹여 중국이 북한에게 사회주의 시장경제를 체험하게 하기 위한 것은 아닌지 하는 생각도 든다.

특히 중요한 점은 '정부가 주도'하는 경제협력을 제안했다는 점이다. 북한과 중국은 양국이 '공동개발 공동관리開發合作'한다는 원칙이 담긴 '경제무역협력의정서'를 체결했다. 당시 북한의 김정일은 중국이 주도하는 단독 개발을 원했다고 한다. 즉 김정일은 개성공단과 같은 형태의 개발을 원했으나, 중국은 북한의 경제 발전의 필요성을 이유로 김정

1   황금평 특구의 중국 쪽 단지 모습.
2   철조망 건너편으로 보이는 북한의 황금평 벌판.

일의 제안에 반대했다고 한다.

아마도 중국은 중국의 단독 개발시 발생할 수 있는 국제적 여론을 우려했을 것이다. 특히 중국이 북한을 경제 식민지로 만들려는 의도가 있는 것은 아닌가 하는 비난을 가장 우려했을 것이고, 국제 문제가 발생하면 중국이 자유로울 수 없다는 점을 우려했을 수도 있다. 중국은 양국이 '공동개발 공동관리'할 경우 윈-윈 하는 것이라는 주장을 계속했을 것이다. 이후 북한과 중국은 2009년 11월 창지투 선도개발 계획을 발表2020년 목표하고, 2010년 2월에는 북한과 2014년 완공을 목표로 단둥-신의주 간 신新압록강대교 건설에 합의했다. 또 2010년 8월에는 창춘에서 북한의 당 행정부장 장성택과 중국 상무부장 천더밍陳德銘이 만나 후속 논의를 했다. 그리고 2011년 6월, 북한은 북-중 친선 강화를 위해 황금평·위화도 특구를 추진하되 황금평을 우선 개발하기로 하는 내용의 정령을 발표하고 이틀 만에 황금평 특구 착공식을 거행했다.

우리는 여기서 북한과 중국이 합의한 황금평 특구와 남북이 합의한 개성공단을 비교하지 않을 수 없었다. 북한이 어디에 더 나은 조건을 제시했는지, 그리고 각각의 특구가 갖는 조건이 무엇인지 밝혀진 것은 없지만, 일단 가장 큰 차이점은, 개성공단에서 생산되는 제품의 북한 유입은 단절된 반면 황금평 특구에서 생산되는 제품이 북한으로 유입되는 것은 가능하다는 점이다. 이는 앞으로 개성공단이 풀고 가야 할 과제라고 할 수 있다.

황금평 특구가 착공된 지 14개월이 지난 지금, 국경선을 사이에 두고 중국 쪽은 이미 도로가 잘 닦여 있고 현대적 건물들이 속속 들어서고 있었다. 그러나 북한 쪽은 아직도 풀이 무성한 벌판 그 자체였다. 그러나 언젠간 이곳에 산업단지가 들어서고 북한 노동자들이 일할 것이다. 아직은 시원하게 펼쳐진 녹색의 벌판에 지나지 않는 황금평을 바라보고 있으면 갈 길은 멀어 보이지만, 북-중 관계의 특수성과 양국의 합의 과정을 생각해보면 황금평이 이름 뜻대로 될 수 있는 날이 그리 멀지 않다는 생각도 든다.[2] 황금평 벌판 앞에서의 일정을 마무리하고, 압록강 철교와 신의주를 보기 위해 우리는 단둥 시내로 향했다.

2   답사 후 한 달여 뒤인 2012년 9월, 북-중 양국은 황금평 경제특구에 양국 공동관리위원회 청사를 착공했다. 이어 임시 출입국관리시설을 건립하는 등 본격적인 개발을 위한 준비를 속속 진행하고 있다. 그리고 8월 답사 때는 보이지 않던 단층 건물 두 채를 북한 쪽 구역에 새로 세웠다. 이는 정식 세관이 생기기 전까지 출입국, 검역 등의 업무를 담당하는 건물이라 한다. 현재 공사가 진행 중인 지역은 황금평 전체 면적14.4제곱킬로미터의 일부인 1.6제곱킬로미터 규모의 우선개발구역이다.

국경선

국경선은 '분리의 선'인 동시에 '접촉
의 선'이며, '장벽'인 동시에 '가장자
리'이고, '차단'이면서 '접합'의 측면이
동시에 존재하는 역설적인 성격을 갖
는 공간이다이현주, 2002. 접경 지역 연
구의 대표적인 학자인 마르티네즈는
미국과 멕시코의 접경 지역 연구를 토
대로, 양 지역 간 상호작용의 성격에
따라 접경 지역을 네 가지로 유형화했
다Martinez, 1994, "The dynamics of border
interaction".

① 소외적 접경 지역alienated border-
lands : 긴장관계가 상존하는 곳으로,
경계가 기능적으로 폐쇄되고 초국경
적 상호작용이 거의 존재하지 않는다.
② 공존적 접경 지역co-existent border-
lands : 시기에 따라 불확실한 안정성
이 나타나는 지역으로, 제한적 협력
개발을 위한 경우에만 부분적으로 개
방된다.
③ 상호의존적 접경 지역interdependent
borderlands : 대부분 안정성이 보장되
는 지역으로, 사회·경제적 보완성이
증대됨에 따라 초국경적 상호작용이

제고되고, 이것이 결국에는 접경 지역
의 확대로 이어진다. 따라서 접경 지
역 주민들은 대개 친숙하고 협력적인
관계를 형성한다.
④ 통합적 접경 지역intergrated border-
lands : 영구적으로 안정성이 확보된
곳으로, 양국 간의 정치적 경계가 기
능적으로 통합되고 국경을 통과하는
인적·물적 교류가 무제한으로 이루
어진다.
이 분류에 따르면, 현재 북-중 접경
지역은 '공존적 접경 지역'과 가장 유
사한 성격을 보이고 있다고 볼 수 있
다이옥희, 2011.

다롄-북한의 교류 현황

2012년 10월, 다롄에서 항공편으로
북한의 금강산을 유람하는 관광상품
이 나왔다. 비행기로 평양에 도착한
관광객들은 금강산을 유람하고 평양
시와 개성시까지 돌아본다. 이미 7월
에는 옌지延吉에서 항공편으로 평양
에 도착한 뒤 금강산을 방문하는 관
광 코스가 시작됐다. 이 외에도 홍콩

에서 출발하여 다롄에 도착한 뒤 단둥과 신의주를 거쳐 평양으로 들어가는 관광상품도 판매되고 있다. 북한이 이렇듯 관광 사업에 적극적으로 나서는 이유는 외화벌이가 주목적이라 할 수 있다.

또한 2012년 12월에는 다롄의 20여 개 수산물 양식업체들이, 북한의 동·서해안에 총 16제곱킬로미터 규모의 해삼 양식장과 종묘 배양장을 건설하는 방안을 북한 측과 협의했다는 보도가 나왔다. 이는 북한의 적극적인 투자유치 활동을 통해서 추진된 것으로 알려지고 있다. 한때 다롄 근해는 세계 최대의 해삼 양식장이었으나, 근해 수역의 수질이 갈수록 나빠져 양식에 어려움을 겪으면서 중국인의 해삼 수요를 충족시키지 못함에 따라 이번 사업이 추진되었다. 북한에서 양식한 해삼은 싼값에 중국에 판매될 계획이라고 한다. 그러나 중국의 투자자들은 대북 투자의 위험성을 고려해 북한 측에 통관·통행 보장을 비롯해 더 많은 우대 정책을 요구하고 있다. 중국 측의 요구조건이 북한 측과 합의되느냐가 이번 사업 추진 여부를 가름할 것이라 한다.

02

신의주 부둣가의
'동대문 패션'

1   압록강 단교 근처 시가지 모습.

2   압록강 철교(중조우의교)를 통해 단둥과 신의주를 오가는 화물트럭들.

1,376.5km

첫째 날 ② 단둥 → 압록강 단교 → 항미원조기념관

중국의

동대문,
단둥

단둥丹東의 원래 지명은 안둥安東이었다. 과거 안둥 부근은 중국의 동쪽을 관리하는 변방의 요새로서 가치를 인정받아왔다. 그러기에 안둥은 1894년 청일전쟁 당시 일본에 점령됐고, 1907년 개항 후 1910년부터는 일본의 대륙 진출 교두보로 활용됐다. 일본이 조선을 강제병합1910한 후 지금의 동북 3성에 세운 괴뢰국가였던 만주국1932~1945은 14개 성을 두었는데, 안둥 부근 압록강 이북에 안둥 성安東省을 설치하고 안둥을 그 성도省都로 삼았다. 이렇듯 안둥은 한반도를 관리하는 전략적 요충이자 중국 대륙의 동대문 같은 관문 도시였던 것이다.

1965년 초, 안둥이라는 지명이 북-중 관계에 도움이 안 된다는 취지에서 저우언라이周恩來 당시 중국 총리의 지시에 따라 단둥으로 개명됐다. 안둥은 제국주의적인 냄새가 나는 지명이라는 이유에서다. 그러나 단둥도 '홍색 동방지성紅色 東方之城'의 줄임말이라는 점에서 안둥과 의미상 별반 차이 없는 지명이라고 할 수 있다. 한국전쟁 당시 항미원조抗美援朝, 미국에 대항해 조선을 돕는다는 뜻 혈맹으로 붉게丹 물든 동방東의 도시, 즉 중국이 북한을 도와준 관문 도시라는 의미가 담겨 있으니까.

단둥 외에도 중국에는 역사적으로 국경 지역을 관리하면서 그 지명에 '평정'과 '관리'의 의미를 담고 있는 경우가 있었다. 중국의 국경이 하도 길다 보니 관리하기가 쉽지 않아서 관리들의 역할과 사명을 일깨워주기 위해 지명에서라도 역할을 분명히 표시했을지도 모른다. 대표적인 것이 베트남과 중국 국경의 관문인 진남관鎭南關이었다. 그 뜻은 중국 남쪽의 베트남을 진압하는 관문이라는 뜻이다. 안둥을 단둥으로 바꿀 때 진남관은 목남관睦南關으로 바뀌었다. 베트남과 화목하게 지내는 관문이라는 뜻이다.

중국 정부가 자진해서 안둥을 단둥으로, 진남관을 목남관으로 바꾼 이유가 뭘까 궁금했다. 중국 외교사에 조예가 있는 한 분이 그에 대해 설명했다. "1950년대 중반 스탈린 사후 시작된 중-소 이념 분쟁이, 1960년대 중반으로 넘어오면서 국경 분쟁으로까지 번질 정도로 치열했다. 그런 정치·군사적 상황에서 중국과 국경을 맞대고 있는 국가들 중 소련과 가까워질 가능성이 있는 국가들을 중국이 선제적으로 관리하기 위해 선심을 쓸 필요가 있었을 것이다"라고. 역시 그랬구나! 대학시절 외교사 강의 시간에 "국가끼리 외교를 하는 데 순수한 선의나 공짜는 없다"고 했던 교수님 말씀이 새삼 떠올랐다.

어쨌건 오늘날 단둥은 중국의 한반도 진출의 교두보, '중국의 동대문' 역할을 하는 도시가 되어 있다. 우리가 단둥을 주목하는 것은 단둥을 통한 북-중 교역 때문이다. 북-중 교역이 2008년 20억 달러에서 2011년 63억 달러로 증가했고, 북-중 교역의 70퍼센트가 단둥을 통해 이루어지고 있다. 그리고 북한을 방문하는 중국 관광객이 2008년 10만 명에서 2011년 15만 명으로 늘었다.

답사단 중 한 분이 작년 겨울, 중국에 들어와 돈벌이를 하는 북한 거주 화교에게 들었다며 전한 바로는, 단둥에서 평양까지의 차비는 중국 돈 300위안55달러 정도인데 단둥-평양의 왕복 티켓은 없다고 한다. 왜냐하면 북한이 평양에서 단둥까지의 차비를 84달러로 책정해놓고 직접 표를 파는 방침 때문이라고 한다. 단둥에서 평양으로 들어가는 차비보다 평양에서 단둥으로 나오는 차비가 1.6배 가까이 비싼 셈이다. 같은 거리를 오가는데 왜 이렇게 차이가 나는지 알 수 없지만, 그나마 평양에서 표를 살 때는 반드시 달러로 결제해야 한다고 한다. 북한에서 달러와 위안화가 통용되고 있다고 들었지만, 북한 내에서는 달러의 효용가치가 위안화보다 훨씬 더 큰 모양이다.

북한 거주 화교는 중국 공민권자인 동시에 북한 영주권자로서 1년에 적어도 한 번씩은 북한을 방문한다고 했다. 화교 3대인 할아버지가 한국전쟁 때 중국인민지원군중공군으로 참전했는데, 전후 복구사업을 도와주기 위해 북한에 남게 됐다고 했다. 당시 이들에게는 많은 혜택이 주어졌고, 현재에도 북한에 있는 중국 화교는 북한 주민들에 비해 상대적으로 잘산다고 했다.

단둥에 도착해보니, 그곳은 중국인과 조선족을 포함한 다양한 문화가 존재하는 곳이었다. 상점 간판이 한자와 한글로 적혀 있는 곳이 많았다. 그리고 곱게 한복을 차려입은 모델들의 사진이 상점 입구에 걸려 있었다. 나는 그러한 상점이 혹시 우리 조선족이 운영하는 가게는 아닌지 생각하면서 이왕이면 그들의 가게에서 물 한 병이라도 더 사주고 싶었다. 그러나 다 그런 것은 아니었다.

초행길이라 단둥의 도심이 어디인지는 알 수 없었으나, 압록강 단교 근처에 이르자 자동차와 사람들이 북적거렸다. 금요일인데도 주변에는 중국 관광객들이 많았다. 도로 양 옆에는 번듯하고 규모가 큰 식당과 호텔로 보이는 건물들이 깨끗하게 늘어서 있었다. 지방 도시에서 자동차가 겹겹이 주차되어 있는 모습도 새로웠다. 그만큼 자동차가 많아지고 경제 형편이 좋아졌다는 얘긴데, 강 건너 신의주의 형편은 어떤지 궁

1   한국전쟁 때 폭격된 압록강 단교.

2   압록강 단교 입구.

3   왼쪽의 중조우의교와 오른쪽의 압록강 단교가 쌍둥이 다리처럼 보인다.

4   압록강 단교의 끊어진 지점.

5   새로 건설 중인 신압록강대교.

금해졌다.

현재 단둥에서 압록강을 건너 북한으로 통하는 다리는 하나다. 일제강점기 말인 1943년에 완공돼 쓰이다가 지금은 중조우의교中朝友谊桥, 북한에서는 조중우의교라 부름로 불리게 된 이 다리는 길이 944미터, 기찻길과 차도가 함께 있다. 우리가 도착한 시각에도 신의주에서 단둥으로 건너오는 파란색 트럭 여러 대가 다리 위에서 서서히 움직이는 모습이 보였다. 뭔가를 실어다 놓고 나오거나 실어 가기 위해 단둥 쪽으로 건너오는 빈차들인 것 같았다.

단둥 쪽에서 봤을 때 중조우의교에서 얼마 멀지 않은 곳에 1911년 일본이 세운 다리가 또 하나 있는데, 이 다리는 1951년 한국전쟁 때 중공군의 도하渡河를 막기 위해 미군 폭격으로 파괴됐다. 다리가 끊어졌다 해서 압록강 단교斷橋라고 불리는데, 단둥 쪽에서 보면 중조우의교와 압록강 단교가 쌍둥이 다리처럼 보인다. 단교는 부산의 옛날 영도다리처럼 도개교跳開橋 형식으로, 배가 지나갈 수 있도록 오르락내리락하는 다리였다고 한다. 현재는 중국 쪽 300~400미터만 복원돼 있고, 북한 쪽 구간은 교각만 남아 있는 상태다.

단교 위 양쪽 난간에는 한국전쟁 당시의 국제 상황을 알려주는 사진들이 여러 장 걸려 있었다. 눈에 익은 처칠, 이승만, 마오쩌둥, 맥아더 등 역사적 인물들의 사진과 설명을 볼 수 있었다. 다리 중간에는 미군 폭격으로 끊어지면서 구부러진 철로의 모습도 보였다. 압록강 단교를 걸어보고 나서야 알게 된 사실이지만, 중국인들에게 압록강 단교는 '항미원조 보가위국抗美援朝 保家衛國, 미국에 대항하고 조선을 원조하여 국가를 보위한다' 정신을 상기시킴으로써 '사회주의 애국주의'를 가슴에 새기고 자긍심을 느끼게 하는 관광지가 되어 있었다.

압록강 단교에서 그리 멀리 떨어지지 않은 곳에, 좀 더 바다 쪽으로 신新압록강대교가 건설되고 있었다. 2009년 10월 4일, 북한과 중국은 경제기술합작협정서에 따라 압록강 위에 새로운 다리를 건설하기로 합의했다. 2014년 완공을 앞두고 건설 중인데, 현수교懸垂橋의 교두보가 이미 모습을 드러내고 있었다. 기존의 낡은 압록강 철교중조우의교를 대체하는 신압록강대교는 단둥과 신의주를 잇는, 왕복 4차로에 길이 3,026킬로미터에 이르는 다리다. 압록강 철교는 단선單線인 데다 많이 낡아서 20톤 이상의 화물차는 통행할 수 없었다. 신압록강대교는 2010년 말 착공하여 2014년 7월 개통 예정이었으나, 완공 일정은 예정보다 빠르게 2014년 초가 될 것이라고 한다. 다리 건설에 들어간 비용은 22억 2,000만 위안약 3,786억 원으로 중국에서 전액을 부담했다. 이 다리가 완성되면 단둥에서 신의주, 그리고 평양까지 고속도로로 연결돼, 현재 4시간 넘게 소요되는 단둥-평양 구간이 2시간 안팎으로 단축될 것이라 한다.

신압록강대교 건설과 황금평·위화도 개발이 바로 중국의 일교양도一橋兩島 개발 계획이다. 신압록강대교가 완공되면 황금평과 위화도에서 만들어진 중국 제품과 북한의 물자들이 이 다리를 통해 북한과 중국을 오갈 것이다. 도로 확장이 산업 발전과 연결되고 물류 증가가 도시 발전과 인구 유입을 유발한다고 볼 때, 아마도 몇 년 내에 단둥은 그 덕을 톡톡히 보게 될 것인데, 신의주도 그 덕을 볼 수 있을지 모르겠다.

단교斷橋 위에서의

압록강 단교 입구 가까운 곳에 항미원조기념관이 있었다. 1950년 10월 19일, 중국인민지원군 총사령관인 펑더화이彭德懷가 군대를 이끌고 압록강을 건너 북한에 들어가서 북한을 구원해주었다는 것을 기념하는 곳이다. 중국의 군대가 한반도에 들어온 사건은 임오군란1882 이후 그때가 두 번째였다고 한다. 한국전쟁 참전 초기, 1950년 10월 19일부터 10여 일 사이에 중국인민지원군은 유엔군에 들키지 않기 위해 야음을 틈타 북한 쪽으로 건너갔다. 이때 중국인민지원군 12개 사단이 북한 지역에 투입되었는데, 6개 사단은 신의주를 통해, 다른 6개 사단은 지안輯安 건너 만포를 통해 북한 지역으로 들어갔다.

　참전 초기 60만 명이 한반도에 들어왔고, 60만 명씩 세 차례에 나누어 교대하면서 총 180만 명이 참전했다. '전투조-순환조-대기조'의 3교대 순환제 채택은 장기전에 대비한 중국의 전략이었다. 수나라·당나라 때부터 중국 군대가 한반도에 들어오면 으레 '백만대군' 운운하면서 약간 과장을 해왔는데, 한국전쟁 때는 실제로 백만이 넘는 대군이 인해전술을 편 것이다. 한국전쟁으로 인한 중국인민지원군의 손실은 전체 병력의

＃　펑더화이의 전쟁 참전일인 1950년 10월 19일을 알리는 기념석.

40퍼센트였다고 한다.

항미원조기념관 밖에는 펑더화이와 왼손으로 강 건너 신의주를 가리키는 군인의 모습 등을 형상화한 조형물이 있었다. 많은 중국인들이 그 조형물 앞에서 사진을 찍고 있었다. 그런데 펑더화이 발밑에 새겨진 'FOR PEACE'라는 문구가 눈에 들어왔다. '평화를 지키기 위해' 중국인민지원군이 한국전쟁에 참전했다는 말인가 본데, 그 평화가 과연 누구를 위한 평화인지, 그리고 무엇이 평화인지 헷갈리지 않을 수 없었다. 'FOR PEACE'라는 문구가 중국인들에게, 자기네 나라가 평화의 사도인 것처럼 여기게 해서 항미원조기념관을 방문하게 하고 압록강 단교를 찾아오게 하는 것인가? 중국 정부는 그렇게 해서 '사회주의 애국주의' 정서를 중국 인민들에게 주입시키고 있는 것인가?

나는 전쟁을 직접 겪은 세대는 아니지만, 끊어진 압록강 다리 위를 걷는 내내 우리 부모님이 겪었을 당시의 고통과 슬픔이 고스란히 전해 오는 것 같았다. 이 압록강 단교를 거니는 중국인과 한국인의 감정은 분명 다를 수밖에 없다는 걸 알면서도, 주위의 희뿌연 날씨처럼 우울하고 착잡했다. 북-중 접경 지역은 우리 민족에게 특별한 감상을 불러일으키게 하는 곳인가 보다. 중국과 얽혀 있는 역사적 사건들, 그리고 현재 북한-중국-한국과 국제적 관계에서 비롯되는 여러 상황들을 고려해볼 때 특별한 장소인 것은 분명하다.

펑더화이 발밑의 'FOR PEACE' 문구는 워싱턴 DC에 세워진 한국전쟁 참전 미군 조각상을 떠올리게 했다. 펑더화이 조형물이 진격 명령을 내리는 모습인 데 반해, 미군 조각상은 전투복과 전투모에 판초 우의雨衣까지 걸친 미군 병사들이 두 손으로 총을 들고 진격하는 모습이다.

\#   항미원조기념관 앞 조형물. 펑더화이의 발밑에 새겨진
'FOR PEACE'라는 문구가 아프게 눈에 들어왔다.

역시 평화를 위해 미군이 고생했다는 취지의 조형물이고, 그것도 미국 국민들에게 아메리카니즘Americanism을 고취하는 일종의 정치사상 교육용 자료인 셈이다.

우리에게는 동족상잔의 비극이었던 한국전쟁이 참전 국가들에서는 자기네 국민들에게 애국주의를 교육하는 소재가 되고 있는 현실을 생각하니 씁쓸하기 짝이 없었다. 아무튼 한국전쟁을 계기로 시작된 중-조 우의는 오늘날 북-중 경제협력의 원동력으로 작용하고 있는 게 현실이었다.

신의주 부두의

'선군조선의 태양… 만세!' 구호와 아베크 남녀

압록강 단교와 항미원조기념관을 나와 우리는 압록강 유람선 선착장으로 갔다. 해가 거의 서쪽으로 기울고 있었으나, 유람선을 타려는 줄은 제법 길게 늘어서 있었다. 북한 마을을 바라보며 압록강을 유람하는 관광상품을 개발해놓은 것이었다. 압록강 유람을 위한 배의 종류도 다양했다. 일반 관광객들을 태우고 운행하는 큰 배와, 개인적으로 빌릴 수 있는 작은 크기의 모터보트들이 준비돼 있었다. 우리 일행은 작은 모터보트를 세 내었다. 구명조끼를 걸치고 양쪽으로 나누어 배에 앉았다. 선착장 주변의 압록강 물은 생각보다 맑지 않았다.

신의주 부두 서쪽 끝, 유람선 관광객들 눈에 잘 띌 만한 위치에 붉은 글씨로 쓴 '선군조선의 태양 김정은 장군 만세'라는 구호가 먼저 눈에 들어왔다. 강 건너가 바로 북한 땅이라는 것을 금세 알게 해주었다. 김일성은 '민족의 태양', 김정일은 '21세기의 태양'이라고 했었는데 김정은은 '선군조선의 태양'이 된 것이다. 선대에는 '민족', '21세기'와 같은 거창한 호칭을 썼기에 김정은에게는 또 무슨 거창한 호칭을 붙일까 궁금했었는데 의외였다. '선군조선'은 '민족'이나 '21세기'보다 다소 범위도 좁고 기간time-span도 짧다고 할 수 있기 때문이다. 어찌 보면 북한의 새 지도부가 허세를 부리기보다 현실적으로 바뀌어가는 것 아닌가 하는 생각을 해보았다. 아마도 이런 판단에는 그랬으면 좋겠다는 바람이 바탕에 깔려 있는지도 모르겠다.

신의주 부두 가까이에는 잔뜩 녹이 슨 화물선들이 정박해 있었다. 북한의 화물선이 움직이는 것은 지난번 답사 때와 마찬가지로 이번에도 볼 수 없었다. 사실 움직일 수 있는지가 궁금할 정도로 낡아 보였다. 그래도 부두에는 화물트럭과 화물을 옮기는 사람들이 제법 많았다. 트럭 안이 들여다보일 정도로 가까이 다가갈 수 있었는데, 트럭 안에는 싣는 것인지 내려놓는 것인지는 알 수 없었으나 상자가 가득 쌓여 있었다. 그러나 좀 떨어진 곳에는 할 일 없이 멍하니 앉아서 오가는 유람선을 응시하는 사람들도 있었다. 떨어진 거리이지만 우리를 바라보는 북한 사람들의 모습과 표정까지도 살필 수 있었다. 예전에 봤을 때보다는 사는 형편이 나아진 것 같았다. 옷차림도 훨씬 좋아졌고 기운도 있어 보이는 것이 북한 주민의 영양 상태도 조금은 나아진 것 같았다.

그런데 신의주 부두를 산책하는 젊은 남녀 한 쌍이 눈에 들어왔다. 커플은 키도 크고 체격도 좋았다. 매우 인상적이었다. 거의 밀착하다시

＃ 강 건너편으로 보이는 신의주 부둣가의 모습.

1   멀리 보이는 신의주 놀이동산.
2   강 건너 신의주 부두를 산책하고 있는 북한의 연인.

피 가까이 손을 잡고 부두를 거닐고 있는 남자의 복장은 북한 남자들이 흔히 입는 진회색의 반소매 남방과 같은 색 바지였지만, 젊은 여성의 복장은 예전에 내가 봤던 그런 옷이 아니었다. 어느 정도 패션을 생각하고 입은 차림이었다. 이른바 '7부 백白바지'에 분홍색 반팔 라운드 티셔츠를 입고, 다른 사람들의 시선을 의식하지 않은 채 남자와 손을 잡고 이야기하고 있었다.

최근에는 평양에서도 젊은 남녀가 손잡고 걷는 모습이 종종 눈에 띈다고는 하지만, 신의주 부두의 젊은 여성의 패션은 중국의 유행을 따르는 것 같았다. 들자니 중국 패션을 리드하는 것은 옌볜이고, 옌볜은 동대문 두타-밀리오레 패션의 중국 내 전파기지라고 한다. 신의주에도 돌고 돌아 동대문 패션이 들어온 건 아닌가 하는 생각을 해보았다.

대북 사업가들의 어려움과 걱정

날이 어둑해질 때까지 신의주를 아주 가까이서 본 뒤, 우리는 선착장에서 10분 정도 떨어진 호텔로 이동했다. 지나고 보니, 단둥에서 묵었던 호텔이 전체 일정 중 가장 현대화되어 있고 깨끗했다. 우리가 묵을 호텔로 오는 길에도 새롭게 건설 중인 호텔들이 여러 개 있었다. 단둥에 이런 호텔들이 계속 건립된다는 것은 그만큼 단둥을 방문하는 관광객의 수가 증가하고 있음을 의미하는 것이다. 그리고 그건 상당 부분 북한과 이러저러한 방식으로 관련이 있을 것 같다는 생각이 들었다.

저녁식사는 운 좋게도 단둥에 거주하면서 북한과 교역을 하는 사업가 몇 분과 함께 하게 되었다. 요즘도 북한을 드나들면서 대북 관련 사업을 하는 분들이었다. 이들은 북한의 실정을 실시간으로 잘 알고 있는 분들이기에, 이들을 통해 북한의 실상을 듣는 것은 북한 연구자로서 아주 흥미로운 일이었다.

네 명의 사업가들은 각기 다른 분야의 대북 사업을 해왔다. 15년 동안 단둥에 살면서 대북 사업을 하신 분도 계셨다. 1997년부터 대북 사업에 종사해온 이 선생은 2003년부터는 아예 가족과 함께 단둥에 살고 있다고 했다. 그동안 북한에서 의류 임가공 사업을 했던 사업가들이 2012

년 현재 많이 북한을 떠나 베트남이나 미얀마버마로 옮겨 갔다고 했다. 북한 지역으로 원자재를 가지고 들어가서 가공해 나오는데, 남북관계가 막히면서 승인이 잘 나지 않으니 남한 출신의 사업가가 북한에서 사업을 하는 것이 예전 같지 않다고 했다.

한편 한국에서 생산된 물자를 중국으로 가지고 들어와서 북한에다 파는 정 선생은 북한 주민들이 한국 상품을 선호하고, 북한 주민들의 의식주 수준도 상당히 높아졌다고 했다. 그는 북한 주민들이 필요로 하는 생활용품 500~600여 가지를 팔아왔는데, 숟가락부터 냉면 뽑는 기계에 이르기까지 물품의 종류가 다양하다고 했다. 자기는 냉면국수 뽑는 기계를 평양에 있는 거의 대부분의 냉면 가게와 식당에 팔았다고 했다. 과장된 부분도 있겠지만 약 500대 정도라는 숫자까지 들어 말했다.

사업가들이 북한 사람들을 직접 만날 때는 한 번에 보통 4~5명이 나온다고 했다. 사장, 부사장, 관리지도원, 생산 담당 등이라고 했다. 상호 감시인지, 아니면 역할 분담이 확실해서 그런 건지 물었지만 시원한 답은 안 나왔다. 아마도 두 가지 다일 것 같다는 생각을 해보았다. 아무튼 대북 사업가들은 자신들의 경제 활동이 남북관계로 인해 많은 영향을 받는다면서 이러저러한 고충들을 토로했다.

분위기를 바꿔 답사단은 현재 북한 주민들의 실상을 듣고 싶었다. 사업가들은 우리에게 전달하기를, 북한 주민들의 체제 비판이 줄어들었다고 했다. 주민들도 요즘은 자유롭게 말을 할 정도라고 했다. 식량 사정과 관련해서는, 평양을 제외한 나머지 지역에서는 식량 배급이 정상적으로 이루어지지 않아 주민들이 자체적으로 해결하고 있다고 했다. 북한의 식량 사정은 1990년대 중반보다 나아지기는 했으나 아직 모든 주

\#   현대식 건물들로 조성된 단둥 시.

민들이 먹고살 만큼은 아닌 듯하다는 것이었다.

　　남북관계가 막혀 있는 동안 북-중 관계가 우호적으로 변화하면서 중국 사람들의 대북 사업이 활기를 띠고 있으며, 이를 통해 중국 사람들이 북한에서 큰돈을 벌고 있다고 했다. "곡마단에서 재주는 곰이 부리고 돈은 되X이 받는다"는 속담을 인용하면서, 지난 10여 년간 한국 정부와 기업이 닦아놓은 기반을 이용해 중국 사람들이 혜택을 보고 있다고 했다. 북한과 중국의 교역이 빠른 속도로 증대하고 있으며, 햇볕정책의 후과를 중국이 챙기고 있다는 것이다. 예를 들어 중국에서도 최고의 장사꾼으로 꼽히는 '저장折江 상인'들이 북한 최고의 백화점을 접수했다고 하면서, 북한 경제가 점점 중국에 예속되어가고 있는 것은 아닌지 걱정하기도 했다.

　　또한 이 같은 북-중 경제관계를 활성화시키는 것은 자유로운 송금이라고 했다. 이는 금융 거래가 자유롭다는 말인데, 교역이 곧바로 송금으로 이루어지는 시스템이 북한과 중국 간에 도입되었다는 것이다. 중국의 공산품이 북한에 들어가고, 북한은 중국에 석탄을 비롯한 자원을 팔고 있다고 했다. 지난 2011년에도 북한 석탄 2,000만 톤이 중국에 들어왔는데, 광물에는 관세가 없어 북한의 자원이 중국에 많이 들어온다고 했다.

단둥에는 조선말을 하는 네 부류가 있는데, 조선족, 화교, 남한 사람, 북한 사람이라고 했다. 현재 단둥 시에는 조선족 2만 명, 화교 7,000여 명, 노동자와 일반인을 포함한 북한 사람이 2만 명, 그리고 남한 사람이 3,000명 정도 거주하고 있다. 북-중 교역과 남북 교역 활성화 정도를 이에 종사하는 사람들의 숫자를 근거로 설명했다. 앞으로 북한의 김정은은 10만 명의 북한 주민을 단둥에 보낼 것이라는 전망도 덧붙였다. 사업가들은 북한 사람들을 만나서 절대 정치 얘기는 꺼내지 않는다는 말도 해주었다.

이들 사업가들과 2시간여 만남을 통해, 대북 사업을 하는 사람들은 철저히 사업적인 측면에서 대북 활동을 하고 있다는 생각을 하게 되었다. 그러나 한국의 대북 정책이 어떻게 전개되느냐에 따라 자신들의 사업이 영향을 받고 있다면서, 한국 정부의 대북 정책의 중요성을 우리

---

3   2010년 3월 26일 천안함 사건 이후, 이명박 대통령은 5월 24일 대북 제재와 관련된 5·24조치를 발표했다. 북한 선박의 우리 해역 운항 전면 불허, 남북 교역 중단, 우리 국민의 방북 불허, 신규 투자 불허의 내용을 담고 있다. 5·24조치는 천안함 사건에 대한 북한의 책임을 물어, 북한에 대한 응징이 포함되었다. 이후 북한은 남한과의 교역 중단에 따른 피해를 중국과의 교역을 확대함으로써 보충해 나가고 있다.

에게 전달했다. 특히 2010년 5·24조치[3] 이후 대북 사업을 하던 사업가들이 '거지'가 되어 떠난 이들이 많다고 하면서, 5·24조치의 조속한 해제가 이루어지길 희망한다는 말도 덧붙였다. 지난 5년 동안 대북 사업이 어려워진 상황에서 내색을 다 하지는 않았지만 그들의 고충을 읽을 수 있었다. 남북관계가 복원되면 이들의 사업도 보다 활기를 띠게 될 것이다.

오늘 본 단둥 시내의 번잡함과 활기, 그리고 압록강 철교 주변 중국인 관광객들의 여유로운 모습이 새삼 떠올랐다. 우리가 들어가야 할 자리에서 중국인과 중국 상인들이 대신해서 수익을 올리고 있다고 생각하니 기분이 썩 좋지 않았다. 그러나 한국에서 생산된 제품들이 북한 주민의 손에까지 이르러 좋은 평가를 받으면서 쓰이고 있다고 생각하니, 그나마 내가 직접 준 것이 아닌데도 마음 한편이 뿌듯했다. 중국 제품이 아닌 한국 제품을 받아들였을 때 북한 주민들의 기분은 어떨까? 그들의 느낌과 생각이 궁금했다.

단둥―북한의 교류 현황

단둥은 중국 내륙으로 향하는 해상 관문이다. 중국의 경제 개방이 가속화되면서 1988년 '연해개방도시'로 지정되었고, 1992년에는 '변경경제합작구'가 설치되었다. 특히 단둥 지역의 급속한 발전은 북한과의 교류에서 비롯되었다고 해도 지나치지 않는다. 이는 북-중 교역의 70퍼센트를 단둥 지역이 차지하고 있기 때문이다.

북한은 생존에 필수적인 물자인 식량과 에너지 등을 단둥을 통해 들여오고 있다. 하루에도 수차례 중국산 생필품이나 가전제품 등을 실은 화물트럭들이 압록강 철교중조우의교를 오간다. 그리고 북한에서는 수산물이나 광물 등 지하자원을 실은 트럭들이 중국으로 나가고 있다. 화물을 실은 열차도 이틀에 한 번꼴로 압록강 철교를 왕복하고 있다.

단둥 시는 2013년부터 북한과의 경제 협력 사업을 한층 강화할 것이라 한다. 과거에 비해 특히 최근 2년 사이 북한이 경제 발전에 강한 의욕을 보이고 있기 때문이라고 한다. 그래서 단둥 시는 중국 기업들의 대북 진출을 돕기 위해 2012년 10월 양국 간 첫 종합박람회인 '북-중 경제무역문화박람회'를 북한과 번갈아 개최하는 방안을 추진하고 있다.

한편 단둥과 신의주를 잇는 1일 관광열차가 중국 관광객들에게 인기다. 중국 철도 당국이 운영하는 이 열차는 6~11월 사이에 운행되며, 매주 월·화·금·토에 출발한다. 오전 10시 단둥 역을 출발해 곧바로 압록강을 건너 신의주에 도착하여 관광을 시작한다. 2010년 4월 중국인들의 북한 관광이 시작된 이후 해마다 관광객 수가 증가하고 있는데, 전체 관광객의 80퍼센트가량이 단둥에서 출발하는 열차를 이용한다.

또한 2013년부터 단둥과 평양을 오가는 직통 열차가 증편돼 매일 운행한다. 관광이나 사업 목적으로 단둥-평양을 오가는 승객 수요가 증가함에 따라 기존 주 4회 운행하던 열차가 매일 운행으로 증편된 것이다. 단둥에서 오전 10시에 출발한 열차는 오후 5시 45분에 평양에 도착한다.

이 외에도 단둥 시와 지린 성 퉁화 시를 연결하는 고속도로가 2012년 9월 개통됐다. 총길이 232킬로미터의 단둥-퉁화 고속도로는 2008년 11월 착공했는데, 두 지역 간 도로 이동 거리가 기존의 340킬로미터에서 249킬로미터로 줄어들었고, 소요 시간도 6시간에서 3시간으로 단축됐다. 이로써 단둥 항을 이용한 육·해 복합 운송이 가능해졌다.

불법 북한 노동자, 헤이공黑工

중국에서 '헤이黑'라는 말은 '불법'을 의미하는 경우가 많다. 북한과 국경을 접하고 있는 중국의 접경 지역에서는 '헤이공黑工', 즉 북한의 불법 노동자들이 많다고 한다. 헤이공은 탈북자 외에도 학생·여행 비자로 중국에 들어와 공장이나 식당, 건설 현장에서 일하는 북한 노동자들을 일컫는다. 북한의 헤이공은 중국 노동자의 절반도 안 되는 임금월 1,200~1,500위안, 약 21~26만 원을 받으면서도 솜씨가 좋아 중국 기업들에게 인기가 있다.

한편 북한 노동력을 전문적으로 중개하는 브로커들도 성업 중인데, 북한 노동자 한 명을 소개해주면서 입국 비용 등을 합쳐 3,000위안약 52만 원을 받는다고 한다. 북한 노동자들이 중국 기업들에게 인기가 있는 이유는, 그들이 특별한 조직 규율성을 갖고 있으며, 성실하고, 근무 조건에 불평이 없어서라고 한다. 특히 한국에 들어온 탈북자의 수가 2009년 3,000명에서 2012년 1,500여 명으로 감소한 이유 중 하나가, 중국 당국이 한국으로 들어가려는 탈북자는 단속하지만 중국 공장 등에서 일하는 탈북자는 눈감아주기 때문이라고 한다.

03

마오쩌둥은 왜
아들을 북한 땅에
묻었을까

1 한국전쟁에 참전했다가 미국의 폭격으로 사망한, 마오쩌둥의 장남 마오안잉의 동상.

2 마오안잉의 참전과 사망 사실을 알리는 마오안잉 동상 밑의 기념석.

毛岸英，原籍湖南省湘潭县韶山冲，
毛泽东的长子。1950年10月，他响应中共中
央和毛泽东主席"抗美援朝，保家卫国"号
召，率先报名参加中国人民志愿军，被誉为
"志愿军第一人"。10月23日，从长甸河口
跨过鸭绿江，赴朝参战，时任志愿军总部俄
语翻译兼机要秘书。11月25日上午11时，遭
美国空军轰炸，壮烈牺牲，年仅28岁。遵照
毛泽东的意愿，安葬在朝鲜平安南道桧仓中
国人民志愿军烈士陵园。
中共丹东市委
丹东市人民政府   敬立2010年11月25日

1,376.5km

둘째 날 ① 마오안잉 동상과 수풍발전소

둘째 날의 일정은 단둥을 떠나 허커우河口에서 압록강의 두 번째 단교와
마오쩌둥의 장남 마오안잉毛岸英의 동상을 보고 수풍댐까지 가는 것이
다. 단둥에서 수풍댐까지는 대략 1시간 정도 소요된다.

　이 지역은 옌볜에 비해 기후 조건이 좋아 사과와 복숭아 등의 과일
재배가 이루어지고 있다. 아니나 다를까 단둥을 떠나 수풍댐 가는 길옆
에는 과수원들이 펼쳐져 있었고, 재배한 과일들을 내다 파는 좌판이 도
로변 여러 군데에 자리 잡고 있었다. 우리는 과일을 사기 위해 차에서
내려 복숭아, 자두, 수박 등을 샀다. 가격도 저렴하고 방금 과수원에서
따온 것이라 신선했다. 중국 쪽 기후 조건이 이렇다면 강 건너 북한의
평안북도 의주와 창성, 자강도 쪽도 살기가 그리 나쁘지 않은 기후일 것
이다. 서울에 사는 나로서는 한반도 끝이라 기온도 낮고 엄청 추워서 사
람 살기에 적당하지 않은 지방이라고 생각하고 있었다.

　한국전쟁 때 끊어진 압록강의 두 번째 단교가 허커우에 있다. 허커
우 단교도 단둥의 단교처럼 한국전쟁 때 미군 폭격으로 끊어졌다. 1950
년 10월 이후 중국인민지원군 부대가 북한으로 들어가는 통로는 단둥,
허커우, 지안이었는데, 허커우 다리가 끊어진 것도 그 때문이었다고 할
수 있다. 원래 이 다리는 중국의 칭수이清水 지역과 북한의 청성清城을 잇
는 다리로 1911년 건설된 것인데, 수풍발전소와도 연결되어 있었다.

　허커우 단교 위에는 한국전쟁 참전 인민지원군 지휘관들의 흉상
이 도열해 있었다. 허커우 단교를 둘러보고 나서 우리는 한국전쟁에 참

전했다가 미군 폭격으로 사망했다는, 마오쩌둥의 장남 마오안잉의 동상 쪽으로 발길을 옮겼다.

　　단둥의 항미원조기념관이 있는 펑더화이 동상 주변만큼 잘 조성되어 있지는 않았다. 그러나 마오안잉 동상도 북-중 관계에서 의미 있는 동상임에 틀림없었다. 2010년 참전 60주년을 기념해 세워졌다고 하는데, 중국의 향후 동북아시아 전략과 관련해 중국이 북한을 어떻게 활용하려는지 다시 한 번 생각하게 하는 정치적 상징물이라는 생각이 들었다. 동상의 하단 뒷면에는 마오안잉1922~1950⁴의 스토리가 적혀 있었다.

　　1950년 한국전쟁이 발발한 후 중국공산당 중앙과 마오쩌둥 주석이 '항미원조 보가위국抗美援朝 保家衛國' 차원에서 북한에 중국인민지원군을 파견하기로 결정하자, 마오쩌둥의 장남 마오안잉이 가장 먼저 인민지원군에 등록했다고 씌어 있었다. "그리하여 중국인민지원군 제1호가 되는 영예를 안게 되었다"는 설명도 함께 있었다. 마오안잉은 평안북도 동창군 대유동의 지원군 사령부에서 러시아 통역을 맡으면서 사령관펑더화이의 비서로 일하다가, 참전한 지 약 한 달 만인 1950년 11월 25일 미군 전투기 폭격으로 전사했다. 그리고 현재 평안남도 회창군에 있는 중국인민지원군 열사묘에 다른 전사자들과 함께 묻혀 있다.

4　　마오쩌둥과 두 번째 부인 양카이후이 사이에서 태어난 아들 셋 중 장남으로, 후난성 창사에서 태어났다. 1936년 마오안잉은 파리로 건너간 뒤 다시 모스크바로 갔고 그곳에서 공부했다. 제2차 세계대전이 발발하자 소련군에 들어가 동부전선에 참전하기도 했고, 전쟁이 끝난 뒤에는 중국으로 돌아와 1949년 10월 류승린과 결혼했다. 한국전 참전과 관련하여 마오쩌둥은 훗날 "지도자라면 모범을 보여야 하는 것 아닌가"라는 생각에 아들의 참전을 말리지 않았다고 한다. 마오쩌둥은 북한에서 사망한 아들의 시신을 중국으로 가져오지 않고 평양 근처에 다른 중국 인민군들과 함께 묻었다.

　　일종의 '노블레스 오블리주' 차원에서 한국전쟁에 참전한 지 한 달 남짓 만에 28세의 젊은 나이로 전사한 마오안잉. 우리 일행 중 한 분이, 마오쩌둥은 며느리의 간청에도 불구하고 마오안잉을 북한 땅에 묻으라고 명령했다는 얘기를 했다. 나는 마오쩌둥이 왜 그랬을까 생각하지 않을 수 없었다. 여러 가지를 생각해볼 수 있겠지만, 결국 마오쩌둥의 심모원려深謀遠慮라는 생각이 강하게 들었다. 즉 깊이 궁리를 하고 멀리까지 내다보았다는 것이다. 중국 최고지도자의 장남이 위기에 처한 북한을 도우러 왔다가 전사했다, 그리고 북한 땅에 묻혀 있다. 북한은 중국에 크게 빚을 진 거다. 중국 사람들은 그 일로 북한에 생색을 낼 수도 있고, 목숨 바쳐 희생적으로 북한을 도왔으니 북-중 관계는 특별하다고 주장할 수 있다. 중국의 정치적인 의도가 다분하다.

　　미국 대통령 아들이 한국전쟁에 참전했다가 전사해 한국 땅에 묻혀 있다고 가정해보자. 한국이 미국을 대하기가 훨씬 어려웠을 것이다. 우방끼리도 도리는 있는 법이다. 중국이 조-중 우의를 강조하는 배경에 이런 드라마 같은 스토리가 있다는 것을, 마오안잉 동상을 직접 보고 더욱 실감했다.

　　한국전쟁은 북한이 소련의 후원을 보장받고 시작한 전쟁이라는 것은 소련의 당시 외교문서를 통해 이미 오래전에 확인되었다. 그러나 나는 2010년 중국 당국이 세운 마오안잉의 동상에서 소련 공군의 한국전쟁 참전 사실史實을 확인할 수 있었다. 일행 중 한 분이 한국전쟁 초기 소련의 공군력 지원 문제를 둘러싼 중국-소련의 막후 외교 협상에 대해 다음과 같은 설명을 했다.

　　"1950년 6월 25일 북한의 남침 개시 후, 9월 15일 맥아더의 인천상

륙작전으로 전세가 역전되기 시작했다. 9월 28일 서울 수복 뒤, 10월 1일에는 국군이 38선을 돌파하여 북진하기 시작했다.이날을 기념하여 한국은 10월 1일을 '국군의 날'로 제정했다. 이날 바로 중국은 내부적으로 한국전쟁 참전을 결정했다. 한국군과 미군이 38선을 넘어 북진하자 마오쩌둥을 비롯한 중국공산당 지도부는 미군이 동북 3성까지 위협할 것을 우려한 것이다.

그리하여 10월 1일 밤을 새워가며 격론을 벌인 끝에, 10월 2일 '중국인민지원군'의 이름으로 한국전쟁에 참전하기로 결정했다. 중국은 참전 결정 사실을 소련의 스탈린에게 통보했다. 그리고 10월 8일, 마오쩌둥은 '중국인민지원군 편성에 관한 명령'을 내렸다. 같은 날 저우언라이는 스탈린에게 공군 지원을 요청하기 위해 그루지야조지아의 휴양지 아브하지아로 떠났다.

그런데 10월 19일까지 중국은 행동을 개시하지 못했다. 참전에 필요한 인원 차출이나 병참 준비 때문에 행동 개시가 늦어졌을 수도 있다. 그러나 더 큰 이유는 다른 데 있었다. 미군의 막강한 공군력을 견제해줄 만한 화력이 중국에는 없는 반면, 소련이 지원 약속을 미루고 있었기 때문이다. 미국의 우드로윌슨센터가 공개한 '저우언라이 문고周恩來文稿'에 따르면, 저우언라이가 10월 14일에도 스탈린에게 소련 폭격기를 지원해줄 것을 요청하는 편지를 보냈다고 한다. 그때까지 소련은 중국의 속을 태우면서 답을 안 주었다. 그러다가 어렵사리 스탈린으로부터 공군 지원 승낙이 떨어지자 10월 19일 비로소 중국인민지원군이 압록강을 건넌 것이다."

펑더화이가 군대를 이끌고 압록강을 건널 때까지 이런 우여곡절이 있었던 것이다. 북한에 한국전쟁 참전 소련 공군 묘역이 있다고 듣기는 했지만, 중국 당국이 마오안잉 동상에다 마오안잉이 러시아어 통역관으로 일하다가 폭사했다고 새겨놓았으니 이보다 더 확실한 소련 공군의 참전 증거가 어디 있을까?

경위야 어찌되었건, 단둥의 펑더화이 동상과 허커우의 마오안잉 동상은 중국의 한국전쟁 참전 60주년을 기념하기 위해 1~2년의 시차를 두고 만들어졌다. 그리고 이때는 시기적으로 중국이 G3, G2 국가로 급부상하는 가운데 북-중 간 경제협력이 재개되는 때였다. 이것은 항미원조·조중혈맹을 강조하면서 중국이 북-중 관계를 주도적으로 강화하려는 정치적 의미가 있다고 보아야 할 것이다.

수풍댐 주변 풍광과 강 남북의 사는 모습의 차이

허커우 단교와 마오안잉 동상을 보고 난 뒤 우리는 선착장으로 가서 수풍댐 근처까지 운행하는 배를 탔다. 그런데 오늘도 날씨가 흐리고 강물 위로 안개가 자욱하게 끼어 있어서, 북한 쪽 모습을 자세히 들여다볼 수 없을 것 같아 조마조마했다.

선착장 매표소 근처 안내판에 뱃길 주변 중국과 북한 지역의 약도가 있었다. 허커우 단교와 마오안잉 동상이 서 있는 곳은 칭수이淸水라는 곳이고, 건너편 북한 지명은 청성淸城, 평안북도 삭주군 청성노동자구이다. 중국

\# 수풍댐 올라가는 도중에 나타난 끊어진 교량 주변에서 중국인들이 조정 연습을 하고 있다.

쪽도 북한 쪽도 모두 '맑을 청淸'자를 넣어 지명을 지은 걸 보면 옛날부터 이곳의 풍광이 좋았던 모양이다. 약도에는 선착장 건너편으로 김일성 고거金日成 故居 표시가 있었다. 아마도 그곳에 한때 김일성 별장이 있었던 것 같다. 그만큼 풍광이 수려한 관광지여서 그런지 중국인 관광객들이 상당히 많았다. 수풍발전소 근처까지 가는 관광 유람선도 여러 척 있었다. 우리는 유람선으로 이동하면서, 버스는 수풍댐 바로 밑 동네에서 기다리라고 했다.

배를 타고 수풍댐을 향해 압록강을 거슬러 올라갔다. 얼마나 물이 많았으면 옛날부터 수풍水豐이라고 했을까? 물이 많은 곳이어서 그런지 물안개 속에서도 강물의 색은 초록빛이 날 정도로 아름다웠다. 압록강鴨綠江이라는 이름은 청둥오리鴨의 초록綠 깃털처럼 물색이 아름답다 해서 당나라 때부터 그렇게 불렸다고 한다. 강 중류라서 강폭이 제법 넓었다. 조정 연습을 하는 중국인들의 모습이 안개 속으로 아련하게 들어왔다.

수풍댐으로 올라가는 압록강변 북한 산하는 안개와 더불어 한 폭의 산수화 같았다. 우리는 더 이상 배 안에 앉아 있을 수가 없어 모두 갑판으로 나와 압록강의 풍광을 즐겼다. 여름인데도 물살을 가르며 얼굴에 닿는 바람이 시원하다 못해 차갑게 느껴지기까지 했다.

물안개 속을 뚫고 한참을 가니 드디어 북한 마을이 나타났다. 텃밭과 집, 공장 등 일상적인 주민들의 생활 모습이었다. 공장으로 보이는 건물의 지붕은 금방이라도 내려앉을 듯 노후했고, 건물 벽이 얼마나 낡았던지 비가 오면 금방이라도 물이 샐 것처럼 보였다. 물가에 나와 있는 아이들이 우리를 보고 미소 지으며, 오른손을 머리 위로 높이 들어올리는 북한식 인사를 하기도 했다. 지나가는 관광객들을 향한 아이들의 행동이 자연스러웠다. 그리고 산비탈에 방목한 염소를 감독하면서 양산을 쓴 여성도 보였다. 개인 소유가 아닌 협동농장의 염소들이라고 한다. '피부 보호를 위해 빛을 가리는' 양산을 쓴 여성의 마음을 헤아리면서 약간 놀랐다. 북한의 사는 형편에 비해 예상 밖의 여유와 광경이었기 때문이다.

1998년 당시 내 눈에 비쳤던 북한 주민들에 비해 이번에 본 북한 주민들은 먼발치에서나마 활기가 느껴졌다. 체격도 극히 마른 사람들은 눈에 띄지 않았다. 예전에는 그냥 강가에 쭈그리고 앉아 멍하니 강을 바

압록강변으로 보이는 북한 마을과 주민들의 모습.

라보는 주민들이 많았었다. 그런데 이번에는 물놀이를 하거나 고기를 잡는 사람들은 있어도, 그냥 멍하게 앉아 있는 사람은 거의 찾아볼 수 없었다. 이른바 '고난의 행군'[5] 끝자락이었던 1998년 8월에 국경 지역에서 봤던 북한 주민들의 모습이 신기하기도 하고 가슴 찡하기도 했었는데, 이번 답사 기간에는 그런 사람들의 모습이 많지 않았다.

압록강을 사이에 두고 남북으로 자리 잡고 있는 중국과 북한의 산하는 확연하게 차이가 났다. 접경 지역 북한의 산에는 나무가 없는 대신 뙈기밭이 많았다. 뙈기밭은 일부 경작되거나 아예 방치된 곳도 있었다. 식량 사정이 좋아진 것인지 아니면 접경 지역에서만이라도 사정이 어렵다는 것을 드러내고 싶지 않은 것인지는 알 수 없지만, 뙈기밭이 많이 경작되고 있던 이전의 방문 때와는 좀 달랐다. 그리고 수풍댐 주변에 설치된 북한과 중국의 송전탑도 모습에서 차이가 났다. 중국의 송전탑은 한국에서도 볼 수 있는 에펠탑같이 늘씬한 철탑인 데 반해, 북한의 송전탑은 T자 모양으로 키가 작고 아담한 모습이었다.

이번 답사에서 가장 특별한 '신풍경'은 자전거를 탄 북한 주민이 많이 눈에 띄었다는 것이다. 한꺼번에 3~4대가 지나가기도 하고, 자전거를 탄 여성의 모습도 보였다. 자전거도 그리 낡아 보이지 않았다. 북한 주민의 생활 형편상 자전거 구입 가격은 얼마나 되는지 궁금했지만, 일

5　　북한에서 '고난의 행군'이라는 구호는 1994년 김일성 사망 이후 등장해 1997년 말까지 지속되었다. 1980년대 말 사회주의권 붕괴로 고립 상태에 처하게 된 북한은 당시 극심한 경제 침체와 연이은 수해로 인한 식량 부족으로 체제 붕괴 위기에 봉착하게 된다. 이 시기 국가가 식량과 소비재를 공급할 수 없게 됨에 따라 국가배급 및 공급체계가 붕괴하는 등 사실상 중앙계획경제가 붕괴되었다. 굶어죽는 사람이 속출하고 기아로 인한 탈북자도 증가하였다.

1 협동농장의 염소를 돌보고 있는 여성. 양산을 쓴 모습이 이채롭다.

2 물가에 나와 있는 북한 아이들이 순진무구한 표정으로 북한식 인사를 하고 있다.

3 자전거를 타고 가는 북한 주민들의 모습.

4 철로 공사를 하고 있는 북한 주민들.

위대한 김일성 - 김정일주의 만세!

위 대 한 령도 자 김 정 은 동 지 만 세 !

1

2

1 철조망 너머로 보이는 "위대한 령도자 김정은 동지 만세!"라는 구호가 선명하다.

2 그 옛날 동양 최대 규모를 자랑했던 수풍댐의 모습. 말로만 듣던 수풍댐을 지척에서
바라보니 감개가 무량했다.

행 중 그것까지 아는 사람은 없었다. 그리고 철로 공사를 하는 한 무리의 사람들도 보였다.

수풍댐이 가까워지면서 북한 쪽 산아에 세워진 "위대한 김일성-김정일주의 만세!"라는 구호가 눈에 들어왔다. "위대한 령도자 김정은 동지 만세!"라는 구호도 눈에 띄었다. 나는 '은'이라는 글자를 망원경으로 뚫어지게 살펴보았다. 혹시 김정일의 '일'자를 지우고 그 위에 '은'자를 새로 쓴 것은 아닌지 궁금했다. 북한의 김일성 일가에는 이름 가운데 '정'자가 많이 들어간다. 김정숙, 김정일, 김정은. 이들 이름 가운데 '정'자가 잘 쓰이는 것은 혹시 북한 주민들이 익숙하게 생각하도록 하기 위해서 항렬처럼 쓴 것이 아닐까 하고 추측해보았다.

유람선을 타고 40분 정도 올라가니 드디어 수풍댐이 나타났다. 압록강에 가장 먼저 세워진 수풍발전소는 일본이 대륙 침략을 위한 배후기지로서 조선을 공업화하면서 1937~1941년에 걸쳐 건설되었다. 수풍댐 근처는 일제강점기 때 일본의 병참 지역이었다고 한다. 압록강 수계의 발전소 중 최대 규모인데, 시설 용량 70만 킬로와트로 당시에는 동양 최대였다. 댐 색깔 때문인지 노후해 보이기는 했으나 그 당당함만은 그 옛날 동양 최대임을 보여주기에 충분했다. 날씨가 흐려서 수풍댐의 당당한 위용을 제대로 사진에 담기는 힘들었으나, 초등학교 사회 시간에 말로만 들었던 수풍댐을 지척에서 바라보니 감개무량했다.

04

인공위성
사진 속 북한은 왜
캄캄할까

\# 샤루허의 학교와 도로변 식당들.

1,376.5km

둘째 날 ② 샤루허 → 위원댐 → 지안

샤루허의

압록강을 따라 수풍댐을 본 후, 선착장에서 우리를 기다리고 있는 버스를 타고 다음 목적지로 출발했다. 점심때가 훨씬 지났지만 수풍댐 근처에는 식사할 데가 마땅치 않았다. 그래서 우리는 다소 늦은 점심을 먹더라도 이왕이면 지안 가는 길에 있다는 샤루허下路河의 조선족 식당에서 점심을 먹기로 했다.

2시간여 차를 타고 가다 보니 한글과 한자가 병기된 간판들이 자주 보이기 시작했다. 마을 초입에는 '샤루허 학교下路河學校'라는 건물도 보였다. 드디어 샤루허에 들어선 것이다. 우리는 한복을 입은 조선족 여인이 그려진 간판이 걸려 있는 식당으로 들어갔다. 우리말이 통하는 조선족이 운영하는 식당이었다.

냉면과 몇 가지 요리를 시켰다. 냉면 맛이 평양의 옥류관이나 서울의 유명한 몇몇 맛집의 평양 물냉면만큼 좋지는 않았지만, 하루 반 만에 먹는 김치 때문인지 불만이 없었다. 단둥에서도 그랬지만 조선족 식당에서는 당연히 김치가 나왔다. 서울에서 먹는 김치만큼 빨갛거나 양념이 골고루 들어가지는 않았으나 시원하고 칼칼해서 맛은 그리 나쁘지 않았다. 그리고 특히 맛이 좋았던 것은 이 근처 산에서 캔 고사리였다. 고사리가 통통하고 줄기가 얼마나 실하던지, 볶아놓았는데 맛과 향이 좋았다.

점심을 먹고 식당을 나오는데 식당 밖에 서 있던 건장한 남자가 우리에게 말을 걸어왔다. 한국에서 왔는지 묻고는, 자신은 조선족이라고 소개했다. 여기서 좀 떨어져 있는 곳에서 사는데 샤루허에 일을 보러 왔다고 했다. 자신은 북한과 밀무역을 하며 생계를 이어가는데, 불법인 줄은 알지만 서로의 '필요'에 의해 거래가 이루어진다고 했다. 요사이는 감시가 심해졌다는 말도 덧붙였다.

오토바이도 타고 다니고, 옷차림도 그리 나쁘지 않았다. 밀무역으로 돈을 제법 버는 것 같았다. 그런데 인상적인 것은, 묻지도 않았는데 자신이 불법 밀무역을 하고 있다고 스스럼없이 말을 한다는 사실이었다. 북한과의 밀무역이 공공연한 사실이 되었다는 것인데, 중국 당국의 감시가 강화돼도 밀무역을 뿌리 뽑을 수는 없는가 보다.

위원발전소와   북한의 전력 사정

늦은 점심을 먹고 샤루허를 떠난 우리는 오후 4시경, 압록강의 네 개 발전소 중 하나인 위원渭原발전소 부근에 도착했다. 위원발전소는 운봉발전소와 태평만발전소에 이어 세 번째로 중국과 합작해서 만든 발전소이다. 1976년에 착공해 1990년에 완공됐는데, 현재 운봉댐은 중국이 관리하고 위원댐은 북한이 관리하고 있다. 관리 주체는 나뉘어 있지만 발전소에서 생산된 전력은 북한과 중국이 반분하는 것으로 알려져 있다. 위원발전소를 가까이 보기 위해서는 지안으로 통하는 간선도로에서 벗어나 강 쪽으로 좀 들어가야 했다. 접근성은 그다지 좋지 않았다.

♯ 위원댐 전경.

위원댐에 도착하니 다른 곳과는 달리 마음이 편치 않았다. 일행 중 한 분의 고향이 이 근처라고 했다. 부모 형제를 두고 혈혈단신 남쪽으로 오셨다고 한다. 가족과 헤어진 사연이야 어찌됐건, 결과적으로 북한에 그리운 가족들이 있는 것이다. 이산가족의 아픔을 지닌 이들이 아직도 남한과 북한에 뿔뿔이 남아 있고, 분단의 시간이 60여 년을 훌쩍 지나면서 이산가족 1세대들은 이제 거의 남아 있지 않다. 평생 가족을 그리면서 살아온 그들을 생각하면서 숙연해졌다. 다는 헤아리지 못해도 그분의 복잡할 심경을 생각하니 마음이 많이 무거웠다. 젊은 시절 떠나온 고향 근처의 나무 한 포기라도 눈에 담아가고 싶은 간절함을, 어찌 다 헤아릴 수 있을까.

우리가 먼발치에서나마 위원발전소를 보고자 한 것은 압록강 수계에 발전소가 네 곳이나 있는데 일정상 운봉雲峰발전소[6]와 태평만太平灣발전소[7]는 갈 수 없었기 때문이다. 수풍발전소 외에 최소한 한 곳은 더 보고 싶었던 데다가 특히 위원발전소가 우리 일행에게 위와 같은 각별한 의미가 있었기 때문에 그 구석까지 찾아간 것이다. 더구나 수풍발전소와 마찬가지로 위원발전소도 북한이 관리한다는 점에서 다른 곳보다 더 각별하다는 생각이 들었다. 북한이 관리한다니 어쩐지 남의 것 같지 않

6　1942년에 착공했는데, 일본의 패전으로 공사가 중단됐다가 1970년에 완공됐다. 운봉발전소는 압록강의 사행부蛇行部 지형을 이용하여 745미터의 도수導水 터널을 뚫어 발전發電하는 댐 수로식 발전소다. 댐의 규모는 수풍댐과 비슷하다. 댐 공사는 북한이, 수로와 발전소 공사는 중국이 담당했고, 관리 주체는 중국이지만 양국이 공동으로 이용하고 있다.

7　1987년 중국이 북한 땅을 빌려 1,158미터의 교량 댐을 건설하여 관리하는 발전소다. 설비 용량은 19만 킬로와트.

은 것이다. 북-중 접경 지역을 불원천리 찾아간 이유가 바로 이런 것들을 보기 위해서가 아닐까.

위원댐과 발전소는 지형지세가 험준한 곳에 자리하고 있었다. 일행 중 한 분이 갤럭시탭으로 구글 위성사진을 띄우니, 주변의 산세 때문인지 압록강의 모양이 매우 꾸불꾸불하게 나타났다. 그래서 일제강점기 때 지리 교과서에는 위원 부근 압록강 수역을 '뱀대가리'라고 불렀다고 한다. 오늘날 중국은 이 지역에 '호랑이 입'이라는 뜻의 지명을 붙여놓았다. 보는 눈에 따라서 뱀대가리 같기도 하고 호랑이 입처럼 보이기도 하는 지점에 20여 년 전 위원댐과 발전소가 새로 생긴 것이었다. 위원발전소는 댐 자체가 수풍댐에 비해 아주 새것처럼 보였다. 예전의 위원 지역은 댐 건설로 수몰되었다고 한다. 주민들을 이주시켜 새롭게 조성한 신新위원이 댐 아래쪽, 북한 쪽 지역에 자리 잡고 있었다.

새로 조성된 마을은 지나온 마을에 비해 깨끗하고 정돈되어 보였으나 그리 큰 마을은 아니었다. 그런데 댐 아래 중국 쪽은 시멘트 옹벽을 높이 쌓아놓았지만 북한 쪽은 둑이 없었다. 강물이 갑자기 불어날 경우 건너편 마을로 물이 넘치는 것을 막을 길이 없을 것 같았다. 단둥에서도 비슷한 상황을 목격했었는데, 강 건너 신의주 쪽은 신의주 부두를 제외하고는, 압록강이 범람하면 강물이 거침없이 마을로 넘어 들어갈 수 있는 지형지세였다. 둑을 쌓을 여력이 없는 것인지 어쩐지 마을을 방치한 듯한 느낌을 받았다. 이러니 북한 지역에 비가 조금만 많이 내려도 수해 피해가 커질 수밖에 없겠다고 생각했다.

위원댐과 발전소를 바라보면서 북한의 전력 사정에 대한 얘기가 나왔다. 해방 직후 북한 지역의 발전發電 용량은 152만 킬로와트였고, 남한

1 위원댐 아래쪽으로 새로이 조성된 신위원의 북한 마을. 마을 입구에
서 있는 커다란 김일성 사진이 눈에 띈다.

2 뱀처럼 구불게 휘어 흐르는 강물 위로 보이는 북한 마을 전경. 둑이
없어 강물의 범람이 우려되기도 했다.

전체의 발전 용량은 지금 위원발전소 발전 용량의 절반 정도인 20만 킬로와트밖에 안 되었다. 북한이 남한보다 7.6배의 전기를 생산해서 쓰고 있었던 것이다.

그러나 오늘날에는 상황이 완전히 역전되었을 뿐 아니라 천양지차가 난다. 한국은 7,000만 킬로와트 이상의 발전 용량을 가지고 있고, 필요에 따라 이걸 풀가동할 수 있다. 발전 용량이 해방 직후에 비해 350배나 늘어난 셈이다.

이에 비해 북한의 발전 용량 자체는 770만 킬로와트 전후로 파악되고 있고, 그중 35~40퍼센트 안팎의 가동률을 보이고 있다고 한다. 즉, 약 300만 킬로와트 정도의 발전 용량만이 가동되는 셈이다. 해방 직후에 비해 외형은 다섯 배 늘었지만 실제로는 약 두 배 정도 늘어난 셈이다. 화력발전소는 석탄과 석유가 넉넉하지 않기 때문에 풀가동이 안 되고, 수력발전소는 여름은 괜찮지만 겨울에 물이 얼면 방류를 할 수 없어 발전기가 쉬어야 한다. 그래서 인공위성으로 사진을 찍으면 휴전선 이북이 밤에는 캄캄하게 나오는 것이다.

발전 용량 얘기가 나오자 1970년대 말부터 남북관계 일선에서 일했던 한 분이 북한에서 전기 200만 킬로와트를 미국과 한국에 요구한 적이 있었다고 했다. '1차 북핵 위기' 해결을 위해 1994년 10월 21일 체결된 '북-미 제네바 기본합의'의 핵심 요지는, 북한이 핵 활동을 중단하는 대신 미국이 책임지고 200만 킬로와트짜리 원자력발전소를 지어준다는 것이었단다. 이러한 합의는 북-미 협상 과정에서 북한이 미국에게 200만 킬로와트 전력 생산을 보장하라는 요구가 있었기 때문이었다고 한다.

    2000년 남북 정상회담 후 남북 장관급회담에서도 북한이 200만 킬
로와트 송전 문제를 제기했던 적이 있었다. 그러나 남한 내 여론 등 여
러 가지 사정으로 남북은 50만 킬로와트의 송전 문제를 논의하다가
2001년 초 이후에는 그마저도 유야무야되었다고 한다.

    200만 킬로와트는 수풍70만kw, 운봉42만kw, 위원39만kw, 태평만19만
kw 발전소의 전력량을 모두 합친 170만 킬로와트보다 30만 킬로와트가
더 많은 양이다. 네 개의 발전소가 170만 킬로와트를 생산해도 중국과
나누어 써야 하기 때문에, 압록강 수계에서 생산되는 전기 중 북한이 쓸
수 있는 것은 기껏해야 85만 킬로와트 정도일 것이다. 현재 북한 발전
용량의 4분의 1 정도이다.

    이를 뒤집어 생각하면, 북한은 200만 킬로와트 정도의 전기가 절실
하다는 얘기다. 앞으로 정세 변화에 따라 북핵 6자회담이나 남북 대화가
재개되고 협상이 본격화되면, 북한은 200만 킬로와트 문제를 다시 들고

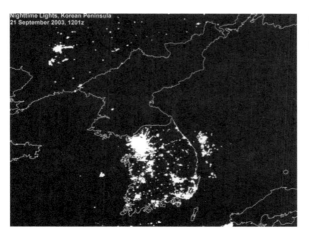

Nighttime Lights, Korean Peninsula
21 September 2003, 1201z

\# 미 항공우주국(NASA)
이 지난 2003년 촬영한 한
반도의 야간 위성사진.

나올 수도 있다. 그런 점에서 이 문제를 어떻게 대처해 나갈 것인지 지금부터 고민을 해봐야 할 것 같다.

북-중 국경선에 대한 오해와 현실

한 곳을 답사하고 다음 목적지까지 가는 동안 차 안에서는 '약식略式' 세미나가 열린다. 지안까지 가는 동안 북-중 국경선이 언제 어떻게 획정劃定되었는지에 대한 질문과 설명이 오갔다. 우리는 이렇게 앉으나 서나 세미나와 토론을 하면서 북-중 접경 지역을 답사했다. 말 그대로 차 안은 '이동 세미나장'이었다.

우리가 이틀 동안 계속 바라보면서 온 압록강은 북한과 중국의 국경이지만, 국제법상으로는 공유수면公有水面이다. 북한만의 것이 아니라 절반은 중국 것이라는 얘기다. 그래서 압록강에 세워진 발전소들은 북한과 중국이 공동으로 이용한다. 전기를 나누어 쓴다는 것인데, 관리 책임은 나뉘어 있다. 수풍과 위원 발전소는 북한이 관리하고, 운봉과 태평만 발전소는 중국이 관리한다. 그 점에서는 두만강도 마찬가지다. 공유수면이기 때문에 배 운항, 고기잡이, 용수 사용 등에서 어느 한 쪽이 독점적으로 사용할 수가 없다.

압록강과 두만강을 이렇게 두 나라가 같이 나누어 쓰고 있다는 얘기는 백두산 경계 얘기로까지 발전했다. 우리 주변에는 백두산 천지는 물론 백두산의 중국 쪽 기슭까지도 우리 땅이라고 생각하는 사람들이 더러 있다. 하지만 그건 잘못 알고 있는 것이다. 현대의 국제법상 그럴 수가 없다. 서로 붙어 있는 두 나라가 공유하는 산이나 강은 반을 나누게 되어 있다. 유럽에는 그런 경우가 많은데, 다뉴브 강은 여러 나라가 공유하고 있고, 알프스 산도 여러 나라가 공유하고 있다. 두부 자르듯 딱 자를 수가 없을 때 적용하는 국제법적 기준들도 있다.

청나라가 막강한 힘을 가지고 있던 시절인 1712년조선 숙종 때, 백두산에 정계비定界碑를 세웠다. 그 정계비는 백두산 정상에서 조선 쪽으로 한참 내려온 지점에 세워졌다. 그래서 1712년의 백두산 정계비가 서 있던 자리를 기준으로 삼는다면, 백두산의 최고봉인 장군봉원래는 백두봉과 천지는 완전히 중국의 소유가 될 수밖에 없었다. 그게 바뀐 것이 1962~1964년의 일이었다.

현재의 북-중 국경선, 즉 압록강과 두만강 그리고 백두산의 경계선은 1960년대 초에 그어졌다. 1962년 10월 12일, 평양에서 조선민주주의인민공화국 내각 수상 김일성과 중화인민공화국 국무원 총리 저우언라이 명의로 '조중국경선조약'이 체결됐다. 북한과 중국은 '조중국경공동조사위원회'를 설립해서 강 가운데 섬들과 모래톱의 귀속 문제를 확정하자는 내용을 그 조약의 제4조에 규정했다.

'조중국경선조약' 제4조의 규정에 따라, '조중국경공동조사위원회'는 양국의 국경 지역을 답사하면서 말뚝을 세우기도 하고 강 가운데 섬들과 모래톱들의 귀속을 확정했다. 그 결과를 토대로 1964년 3월 20일, 베이징에서 천이陳毅 중국 외교부장과 박성철 북한 외교부장이 '조중국경의정서'를 체결하였다.

그 후 북한과 중국은 1972년과 1975년 두 번에 걸친 공동 조사를 거쳐, 섬과 모래톱 61개 중 13개는 중국 소유로 하고 48개는 북한 소유로 확정했다. 황금평이 중국 쪽에 훨씬 가까운데도 북한 소유로 확정된 것도 그때였다. 그리고 북-중 양국은 동쪽 자암봉에서 서쪽 제운봉을 경계로 백두산을 반분했다. 백두산 천지도 그때 나뉘었는데, 54.5퍼센트는 북한이 영유하고 중국은 45.5퍼센트를 차지하면서 분할됐다.

국경 문제에서 북한이 유리하게 협상을 하게 된 데는 중-소 분쟁이 영향을 미쳤다고 보아야 한다는 지적이 나왔다. 1950년대 중반 시작된 중-소 분쟁이 1960년대 초반 들어 심화되면서, 중국의 최인접국인 북한의 전략적 가치가 매우 커졌다. 그리고 당시 북-중 관계도 매우 긴밀한 상태였다. 북한은 이 같은 상황을 활용하여 국경선 협상을 비교적 유리하게 끌고 나갔던 것 같다.

그러나 그러한 결과가 중-소 분쟁 와중에 발휘된 북한의 절묘한 외교 전술의 성과인지, 아니면 더 큰 그림을 그리려는 중국 외교 전략의 결과인지에 대해서는 한마디로 결론을 내릴 수 없다. 중국 외교의 전통과 속성을 감안할 때 더욱 그렇지 않을까라는 생각이다.

한편, 중국의 문화대혁명 시기1966~1976 초반인 1967년부터 북한과 중국 간 갈등 관계가 돌출하면서, 북-중 국경선 문제가 도마에 올랐다. 홍위병들은 당시 옌볜 조선족자치주의 주석 주덕해朱德海가 김일성과 짜고 북-중 국경선 획정 과정에서 백두산 천지를 북한에 4.5퍼센트 더 떼어주었다면서 주덕해를 박해해, 결국 죽음에 이르게 했다. 홍위병들은 "창바이 산長白山, 백두산의 중국 이름을 잃었다", "창바이 산을 팔아넘겼다"면서 1962년의 '조중국경선조약'에 강한 불만을 표출했다. 세월이 지난 후

주덕해는 복권되었지만, 당시 중-소 분쟁과 중국과 북한의 우호적인 분위기 덕택에 북-중 국경선이 북한에 유리하게 획정된 것은 사실이었던 것 같다.

만주의 음식
한류

오후 일정을 소화하고 우리는 해가 거의 다 저물어서야, 한때 고구려의 수도 국내성이 자리 잡았던 지안集安에 도착했다. 가는 동안 내내 펼쳐진 넓은 평야는 압록강 중류에서 흔히 볼 수 있는 광경이었다. 중국은 참으로 큰 나라임을 실감했다. 도시와 도시 간 이동을 하는데도 자동차로 이렇게 시간이 많이 걸리는데, 예전 걸어다니던 시절에는 얼마나 힘들고 까마득했을까.

호텔에 짐을 풀고 저녁을 먹으러 지안에서 가장 유명하다는 식당을 찾아 나섰다. 버스 기사가 가르쳐준 곳인데 한국식으로 고기를 구워 먹는 집이라고 했다. 식당으로 걸어가는 도심 길가에 성곽의 일부로 보이는 돌 축대가 길게 늘어서 있었다. 이것이 국내성의 흔적이라는 생각에 무척 반가웠다. 차곡차곡 일렬로 쌓인 돌을 가까이서 만나니, 그 옛날 우리 고구려인들의 기개가 느껴지는 듯했다. 지금 이 자리까지 우리 선조들이 생활의 터전을 닦아 만주를 호령했다고 생각하니 절로 어깨가 으쓱했다.

\# 지안 시내의 고구려 성곽 유적. 도심 길가에 국내성 성곽의 일부로 보이는 돌 축대가 길게 늘어서 있는
걸 보니 무척 반가웠다.

식당이 가까워지면서 익숙한 냄새가 대로변까지 풍겨 나왔다. 하루
종일 이곳저곳 들르고 차 타느라 피곤했지만, '고향의 음식 냄새' 때문인
지 피곤한 와중에도 입맛이 살아나는 것 같았다. 그러나 막상 식당에 들
어서니 많은 중국인들이 이미 자리를 잡고 저녁식사를 하고 있었다. 더
구나 중국 남자들은 대부분 웃통을 벗고 음식을 먹으면서 고함을 지르
듯 큰 소리로 얘기를 주고받고 있었다. 우리에게는 낯선 광경이다.

결국 우리는 길 건너편의 조용하고 에어컨 시설이 갖춰진 중국 스
타일의 식당에서 저녁식사를 했다. 비록 객지에서 고향의 맛을 즐기지
는 못했지만, 한국에서 멀리 떨어진 중국 변방 도시까지 '한국 스타일'의
음식이 자신들의 '중국 스타일'보다 인기가 많다는 사실이 우리의 기분
을 위로했다.

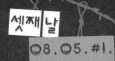
셋째날
08.05.#1.

고구려 유적지와 동북공정

05

일본이 찾아내고
중국이 이용하는
광개토대왕릉비

중국 스타일의 정자 안에 모셔진 광개토대왕릉비.

1,376.5km

셋째 날 ① 고구려 유적지와 동북공정

일본의

8월 5일 오전, 지안集安의 고구려 유적지를 답사했다. 버스에 오르기 전에 주위를 둘러보니, 이른 시각인데도 호텔 건너편 공원에는 중국인 남녀노소가 어울려 춤을 추듯이 아침 체조를 하고 있었다. 아마 태극권이라는 일종의 무술체조 아닌가 싶었다. 중국 도시를 방문할 때마다 아침에 가끔 볼 수 있는 광경으로, 가늘고 간드러진 음악 소리가 들리면 '내가 지금 중국에 와 있구나' 하고 일깨워준다.

지린 성吉林省에 속하는 지안 시는 인구 23만 명2008년 기준으로 한족·조선족·만족·화족 등 9개 민족이 살고 있는데, 압록강을 사이에 두고 북한의 자강도 만포시 및 자성군, 초산군, 위원군과 마주한다. 철교를 통해 만포와 연결되는 대표적인 통상구다.

중국 당국은 2002년 동북공정 이후 지안 시의 국내성을 대대적으로 정비했다. 호텔을 나와 광개토대왕릉비로 가는 길에, 도시 중심부에서도 성城의 일부로 보이는 돌 축조물을 발견할 수 있었다. 우리는 이 같은 돌 축조물을 어제 저녁 식당을 찾아가는 길목에서도 보았었다. 이것이 고구려 성곽의 일부였다는 증거는 중국의 대표 건축물인 만리장성처럼 벽돌로 쌓은 전성磚城이 아니라 석성石城이기 때문이다.

지안은 고구려 제2대 유리왕 때인 서기 3년부터 430년간 고구려의 두 번째 도읍인 국내성이 자리 잡았던 역사적인 도시이다. 고구려는 이곳을 중심으로 영토를 넓히고 문화를 발달시켰다. 지금도 지안 곳곳에는 1,200여 개의 고분군을 비롯해 많은 고구려 유물과 유적이 산재해 있다. 그래서 석성의 흔적들이 여기저기서 눈에 띄었다.

　광개토대왕릉비 사적지 입구에는 이곳이 세계문화유산으로 지정되어 있다는 푯말이 있었다. 넓고 깨끗하게 조성된 길을 따라 들어가니 관광객들이 이미 많이 와 있었다. 중국 말, 일본 말, 한국 말이 들리는 것으로 보아 한국인에게만 인기 있는 관광지는 아닌 모양이다. 우리 문화재를 중국이 자기네 관광 자원으로 적극 활용하고 있었다. 이런 식의 보호·관리 행위가 2002년부터 본격화하기 시작한 동북공정東北工程의 일환이라는 데 생각이 미치니 가슴이 답답했다. 더 나아가 역사까지 왜곡하고 있다는 사실에 기분이 언짢았다.

　중국 당국은 2002년 동북공정을 본격화한 이후 2004년 지안의 고구려 유적들을 세계문화유산으로 등재했다. 우리의 역사 문화재인 것은 분명하지만 남의 영토 안에 있고, 중국이 이른바 '실효적 지배'를 주장하고 있어 대부분의 고구려 유적이 중국의 사적지가 되고 있었다. 2004년 이곳이 세계문화유산으로 지정되면서 지안 시는 관광산업이 크게 발전했다. 최근에는 지안-만포-묘향산-평양-판문점의 북한 관광 코스가 생기는 등 2000년 이후 해마다 관광객이 30퍼센트, 관광 수익이 50~60퍼센트씩 늘어나고 있다. 게다가 지안은 1988년 경제개방구로 지정된 이후 변경 무역도시로 발전하고 있으며, 압록강 유역의 북한 측 섬인 벌등도筏登島에 '변민호시무역구'를 개설할 계획도 갖고 있다고 한다이옥희, 2011.

　전형적인 중국 스타일의 정자 안에 광개토대왕릉비가 모셔져 있었다. 보호용 정자에서 중국 냄새가 물씬 풍겨 나옴에도 불구하고, 사진으로 봤던 이미지보다 더 크고 웅장함에 매우 놀랐다. 보호 차원이라지만 정자 안이 아닌 푸른 하늘 아래 버티고 서 있었더라면 훨씬 성스럽고 더 웅장해 보였을 것이다. 이 비석은 높이 6.39미터로 동양에서 가장 큰 비석이고, 금석문 연구에서도 귀중한 자료로서 그 가치를 인정받고 있다.

고구려 19대 왕인 광개토대왕374~412은 38세의 젊은 나이에 세상을 떠났다. 광개토대왕릉비는 광개토대왕이 사망한 2년 후인 414년에 건립되었는데, 98세까지 장수한 아들 장수왕長壽王이 선왕의 공적을 후세에 알리기 위해 이 비를 세웠다고 비문에 기록되어 있다. 1,775개의 글자 중 현재까지 1,600자가 해독되었다고 안내인은 설명했다.

광개토대왕릉비의 비문은 3단으로 구성되어 있다. 1단에는 고구려 역사로부터 시작하여 광개토대왕의 정통성이 설명되어 있다. 2단에는 광개토대왕의 재임 중 업적이 기록되어 있다. 3단에는 광개토대왕 사후 장수왕과 고구려의 귀족들이 광개토대왕을 존경하여 그의 묘를 지키려고 했던 마음가짐이 기록되어 있다.

광개토대왕릉비의 발견과 관련해 중요한 점은 첫째, 그것이 1,460년이 넘는 오랜 세월 동안 묻혀 있다가 1882년 일본군에 의해 처음 발견됐다는 사실이다. 그리고 둘째, 일본군 참모본부가 무슨 연구를 했는지는 몰라도 7년간이나 연구를 한 뒤 1889년에야 발굴 사실을 비로소 공표했다는 사실이다. 우리 역사 문화재가 일본에 의해 발굴되고 7년간의 '연구'를 거치는 동안 역사 왜곡이라는 문제가 생겼다고 할 수 있다. 비석을 최초로 발견하고 탁본을 한 일본이 이 비문을 자신들에게 유리한 방향으로 해석하기 위해 의도적으로 비문에 손을 댔다는 것은 한국 사람이라면 모르는 사람이 없다.

재일교포 역사학자였던 이진희李進熙 전前 와코대학 교수가 아니었더라면, 우리는 아직도 일본이 광개토대왕릉비 비문을 왜곡·조작했다는 사실을 모르고 있을 뻔했다. 이진희 박사는 '일본이 광개토대왕릉비의 비문 내용을 슬쩍 바꿔치기했다'고 주장하면서, 그 경위를 다음과 같이 설명했다.

"일본이 한반도 진출을 정당화하기 위해 자신들에게 유리한 글자를 비문에 첨가했다. 그러한 작업은 비석의 표면에 석회石灰를 바르고 석회 표면에 글자를 써 넣는 방식으로 이루어졌다. 비석 속의 불리한 글자 중 고칠 수 있는 것은 고쳤지만, 고치기 어려운 것은 아예 글자를 뭉개는 식으로 삭제했다."

이에 대해 일본은 자신들은 역사를 왜곡하지 않았다고 항변했다. 일본의 일부 연구자는, 1880년 전후로 이미 중국에서 발견되어 비문 탁본이 제작되고 해독되었기 때문에 탁본이 널리 알려져 있는 단계에서 비문을 고쳐 쓴다는 것은 있을 수 없는 일이라고 반론을 제기했다.

아무튼 지금 광개토대왕릉비는 중국이 마치 자기네 역사 문화재인 양 보호하면서 관광 자원으로 활용하고 있다. 일본이 역사를 왜곡하던 1880년대 초 우리 조상들은 일본·청나라·러시아·미국 등 열강들의 등쌀에 시달리느라 만주 벌판에서 이런 일이 일어나는지도 모르고 있었다. 또 중국이 우리 역사 문화재를 자기네 문화재로 유네스코에 등재할 때는 알면서도 당했다. 이 같은 일련의 사건들이 마음을 우울하게 했다. 그럼에도 불구하고 우리의 위대한 선조인 광개토대왕의 업적과 명성에 걸맞은 비석의 웅장함과 당당함은 우리 후손들의 자긍심을 채워주기에 충분했다.

장군총과

광개토대왕릉비를 둘러보고 나서 장군총將軍塚으로 향했다. 장군총이란 이름은, 무덤의 주인이 누구인지 확실히 알 수는 없으나 적어도 장군의 지위는 되어야 이러한 규모의 무덤을 만들 수 있었을 것으로 보고 붙인 이름이라고 한다.

돌로 각 지게 만들어진 장군총이 눈에 들어오면서 이집트의 피라미드가 떠올랐다. 사막 한가운데 세워진 피라미드와 만주 벌판에 세워진 장군총이 주는 감동은 크게 다르지 않지만, 장군총에서는 만주 대륙의 풀 냄새, 압록강의 물 냄새가 배어 나오는 듯했다. 장군총 가장자리 중간 중간에 모로 세워놓은 장방형의 거대한 돌들은 돌무덤이 무너지는 것을 방지하기 위해 지지대로 받쳐놓은 것이라 한다. 그런데 이렇게 큰 돌들을 어디서 구해서, 어떻게 여기까지 운반했는지 궁금했다. 옛 조상들의 대단한 지혜와 능력에 감탄하지 않을 수 없었다.

예전에는 무덤 안을 구경할 수 있었다고 하는데 지금은 출입을 금지하고 있었다. 군데군데 무너진 석축石築을 발견할 수 있었다. 관리만 잘 될 수 있다면 들어가지 못하게 한들 괘념치 않을 것이다.

장군총을 나온 우리는 지안에서 둘러볼 마지막 유적지인 오회분五會墳으로 이동했다. 귀족의 무덤으로 보이는 봉토 고분 다섯 개가 모여 있다고 해서 붙여진 이름이다. 여기도 세계문화유산으로 등재되어 있었다. 오회분 묘들은 토총土塚으로서 6세기 이후의 무덤이라고 한다. 제4호 묘와 제5호 묘의 벽화는 유명해서 이미 우리 교과서에도 실려 있다. 제

1   만주 대륙의 풀 냄새, 압록강의 물 냄새가 배어 나오는 듯한 장군총.
2   장군총 뒤쪽으로 사람이 드나들 수 있는 사다리가 있으나 현재는 출입을 금지하고 있다.

5호 묘는 세 개의 합장묘 형태다. 왕과 왕비의 것으로 추정되는 두 개는 한 덩어리의 돌로 되어 있었는데, 다른 하나는 한쪽 끝부분에다 이어붙여 놓았다. 다른 돌로 붙여놓은 이유가 궁금했다. 두 번째 부인이 아닐까 하는 안내원의 설명이 있었다.

　　무덤 내부는 축축하고 서늘했다. 습도 조절이 잘 안 되는 것 같았다. 변방 소수민족의 역사 유적이라고 충분한 관리가 이루어지지 않는 것은 아닌지 의심스러웠다. 그러나 수천 년이 지났음에도 불구하고 정교하게 그려진 벽화의 아름다움을 감상할 수 있어서 그나마 다행이었다. 중국인 안내인이 천장에 그려진 벽화에 대해 설명했다. 삼족오三足烏를 가운데 두고 현무 주작을 탄 선인의 모습이 있었고, 토끼가 월계수 나무 아래에서 방아 찧는 모습도 있었다. '토끼가 방아 찧는' 설화가

1   오회분 유적 안내 팻말.
2   오회분의 다섯 봉토 중 하나. 귀족의 무덤으로 보이는 고분 다섯 개가 모여 있어서 붙여진 이름이다.

1,500년 전에도 있었다는 말인가. 이 설화의 역사가 그렇게 오래된 것인
줄을 예전에는 미처 몰랐다.

　　오회분을 보고 나서 환도산성으로 가는 길에 지안박물관을 둘러보
려 했으나 2011년 문을 닫아서 들어가지 못했다. 지안 시의 북쪽에 위
치한 환도산성丸道山城은 옹성甕城: 항아리 모양의 성 형태의 산성이다. 우리의
남한산성과 같은 형태인데, 옹성은 적의 침입에 대비해 축성된 요새라
고 한다. 환도산성은 둘레가 6,395미터이고, 성곽은 342년에 무너졌다
고 적혀 있었다.

　　터만 남아 있어 관광지로서의 매력이 없어서인지 관광객은 우리밖
에 없었다. 고구려는 수도에 평지성과 산성을 쌓고, 평상시에는 평지성
에서 활동하다가 적이 침입하면 산성으로 들어가 대항하였다고 한다.

\#   우리의 남한산성처럼 항아리 모양의 웅성인 환도산성.

지금은 내려 쪼이는 태양 아래 고즈넉함이 느껴지는 산성이지만, 잠시 그 옛날 이 산성으로 들어와 최후의 항전을 했으리라 상상해보니 나무 한 그루 돌 한 덩어리가 달리 보였다. 그 시절의 처절함은 온데간데없고 8월의 뜨거운 태양 아래 풀벌레 울음소리만 간혹 들려왔다. 산성 가운데 로는 맑은 개울이 흐르고 있었다. 개울물에 발도 담그고 두런두런 모여 앉아 못 다한 고구려 얘기를 했다. 이렇게 해서 고구려 유적 답사 일정 이 끝났다.

지안의 고구려 유적 답사를 마치고 난 우리는 동북공정과 고구려의 정체성에 대해 이야기를 나누지 않을 수 없었다.

1963년 저우언라이는 북한 학자들과 만난 자리에서 "발해는 고구려의 후예이고, 발해는 조선족으로서 독립된 국가"라고 말한 것으로 전해지고 있다. 1963년이라면 북-중 국경 문제에 대해서도 중국이 북한의 입장을 최대한 존중하던 시점이었다. 그런 점에서 저우언라이의 발언이 정치적 발언이라고 할 수도 있겠으나, 일국의 총리가 한 말은 시공을 초월해 국가의 정책과 방침으로 볼 수밖에 없다.

그런데 50여 년이 지난 지금 중국은 동북공정을 통해 정치적으로 영토 문제를 새롭게 설정하고 있다. 우리 고대사와 관련해 최근 중국은 저우언라이의 발언과는 정반대로 이렇게 주장하고 있다.

"단군조선은 존재하지 않았고, 기자조선과 위만조선은 중국인이 세운 고조선이다. 한4군은 중국의 영토였고, 그 영토 안에 세워진 고구려와 이를 계승한 발해는 고대 중국의 지방 정권이었다. 따라서 그 역사는 중국사에 귀속된다. 그리고 고구려 멸망시 조선족은 한족과 융합되었다."

참으로 황당하고 어처구니없는 왜곡이 아닐 수 없다. 그리고 2004년 고구려 유적에 이어 발해 유적도 세계문화유산에 등재하려는 움직임을 보이고 있다. 중국은 그들의 방식으로 자신들의 역사 공간을 동북 3성 지역에 구축, 이를 대중에게 전도하고 있는 것이다.

동북공정의 정식 명칭은 '동북변강 역사와 현상계열 연구공정'이다.

2002년 본격적으로 시작된 동북공정은 중앙의 정치적 의도와 지방 학계의 학술적 수요가 절묘하게 상호 부합한 결과로 시작된 것이라 한다. 중국 중앙정부로서는 소수민족의 이탈을 방지하고 변강의 안정을 수호해야 할 필요성이 있다. 한편 동북 3성 지방 학자들은 일찍부터 고조선, 고구려, 발해 등 한국의 고대 국가를 중국 동북 지방사에 포함시켜 설명해왔다. 그러니까 동북공정은 명백한 정치적 목적을 가진 학술 연구인 셈이다. 즉 순수한 학술 연구라기보다는 국가 이익에 봉사하는 학술 연구의 성격을 띠고 있는 것이다. 그런 점에서 동북공정은 기왕의 학설들을 중국 정부의 지원 하에 정설로 굳혀 나가는 작업이라고 할 수 있다.

동북공정은 사실 남북한 모두에게 불편한 주제다. 한국에서는 중국의 처사에 대해 비판적이고, 그동안 고대사 연구에 소홀했던 것을 자성하는 분위기다. 그런데 북한은 동북공정에 대해 일절 논하지 않고 있다고 한다. 아예 무시하는 것인지, 아니면 북-중 관계를 고려해 말을 아끼는 것인지는 알 수 없다. 남북 대화 과정에서 우리가 남북 공동 대응을 제안했을 때도 북한의 반응은 미온적이었다고 한다.

중국의 이러한 움직임이 혹시라도 통일 이후 한반도와의 영토 분쟁을 사전에 예방하기 위하여 선제 공격 또는 '굳히기' 차원에서 고조선, 고구려, 발해 역사를 중국사에 편입시키려 하는 것은 아닌지 의구심이 들었다. 고구려와 발해의 정체성을 밝히는 연구를 더욱 체계적으로 추진해 나가고, 중국의 동북공정 정책에 대해서도 좀 더 적극적으로 대처할 필요가 있겠다는 생각이 들었다. 이 문제와 관련해서 남북이 협력하고 공동으로 대처하는 것도 앞으로 검토되어야 하지 않을까? 우리 고대사를 연구하는 역사학자들의 어깨가 무겁다.

중국의 동북공정

'동북공정東北工程'이란 중국의 동북 3 성지린 성, 랴오닝 성, 헤이룽장 성 일대에서 발원한 모든 민족과 역사를 중국 민족과 역사에 편입시키는 역사 공정으로, 2002년 2월 28일 중국사회과학원이 주축이 되어 공식적으로 시작했다. 중국 정부 직속 최대 연구기관인 중국사회과학원 산하의 '변경사지연구중심'을 주축으로, 소요 예산만 5년간 200억 위안약 2조 4,000억 원에 달했던 대규모 사업이다. 2007년 1차 프로젝트가 종료되었다.

'동북공정' 사업에서 가장 핵심을 이룬 분야는 고구려사에 대한 연구다. '동북공정'은 고구려사를 한국사와 단절시키고, 고구려 기원에 대한 왜곡을 통해 고구려를 중국의 지방 자치정권이라 주장하고 있다. 중국은 이러한 대규모 계획을 통해 고구려뿐만 아니라 발해와 고조선까지 모두 중국사에 편입시키려 하고 있다. 나아가 중국은 북한 지역을 포괄하는 고구려사 전체를 중국사로 편입시키기 위해 '과거의 영토'라는 기준을 전면적으로 적용

하는 보완을 이루었고, 발해와 관련해서는 발해족의 기원과 유민의 거취 문제, 발해의 귀속 문제 등을 연구했다. 발해 문화의 연원을 말갈 문화에서 찾고 있으며, 발해가 당의 지방 정권인 말갈의 정권이며 정치·경제·사회·문화의 모든 분야에서 당의 문물을 받아들여 해동성국이 되었다고 말하고 있다.

특히 지린 성 둔화敦化 시에 있는 발해의 대표적 유적인 육정산六頂山 고분군의 발굴과 연구를 통해 중국 학계는 발해가 말갈을 바탕으로 하고 있다는 근거를 제시하고 있다. 육정산 고분은 발해의 정혜공주貞惠公主 묘로 추정되는 고분이다. 중국 학계는 고분군에서 보이는 말갈족의 요소들에 주목하면서, 발해의 주민이 말갈족 위주로 구성되어 있고 고구려 유민은 그 다음으로 말갈족보다 적은 수라고 주장하고 있다. 결과적으로 중국 학계는 대조영을 말갈족으로 동일시하고 있으며, 발해 또한 대부분 말갈인으로 구성되었다고 보면서, 육정산 고분군을 말갈족의 묘제로 결론내리고 있다.

'동북공정'은 장기적으로 남북통일 이후의 국경 문제를 비롯한 영토 문제를 공고히 하기 위한 사전 포석으로 볼 수 있다_{최광식, 2003}. 또한 북한 지역의 정세 변화에 따라 북한 지역에 대한 연고권을 비롯한 영향력을 강화하기 위해 명분을 쌓으려는 것으로 보기도 한다_{송기호, 2003}.

한편 미국 상원 외교위원회는 2012년 1월 31일 '한반도 통일에 대한 중국의 영향'이라는 보고서를 통해, 중국의 왜곡된 역사관이 한반도의 완전한 통일을 막는 요인으로 작용할 가능성을 지적했다. 즉 현재 북한 영토에 대해 중국이 주장하는 영유권과 중국의 북한 내 경제적 영향력 확대가 궁극적인 한반도 통일을 막는 역학관계를 초래하는 요인으로 작용할 것이라는 것이다. 이를 위해 중국은 자신들의 행동을 정당화하는 시도를 계속할 것이고, 중국이 주장할 북한 내 천연자원 접근권 등도 이에 포함된다고 덧붙였다. 보고서에는 '고구려와 발해가 당나라의 지방 정권'이라는 주장을 담은 중국 측 자료와, 한국의 동북아역사재단에서 제출한 10여 개의 지도가 담긴 한국 측 자료가 동시에 게재됐다.

한편 중국의 '동북공정'에 대응하여 한국 정부는 2004년 초 '고구려사연구재단'을 구성해 한-중 학자들이 모여 학술토의를 실시했고, 북한에 있는 고구려 유적 및 유물에 대한 현지답사를 실시하는 등 고구려 연구를 계속해왔다. 그리고 이를 더욱 확대하여 2006년에는 '동북아역사재단'을 구성하기도 했다. 또한 2020년 개관을 목표로 '국립고구려박물관'이 서울 광진구 또는 경기 구리시의 아차산 고구려 유적 인근에 건립될 예정이라 한다. 중국의 동북공정에 대응하고 남북한 통일 시대를 대비하기 위해 고구려 문화재를 전담·연구하고 전시할 박물관 건립을 추진하고 있는 것이다. 신라_{국립경주박물관}와 백제_{국립부여박물관, 국립청주박물관}를 대표하는 박물관에 이어 고구려박물관이 세워지면 삼국시대의 세 축이 완성되는 셈이다.

지안의 '제2광개토대왕릉비'

2012년 7월 29일, 지안 시의 마셴麻線 향 마셴 촌에서 기존의 광개토대왕릉 비문을 압축한 내용을 새긴 고구려 비 석이 발견됐다. 고구려비가 발견된 마 셴 지역은 고구려 무덤이 집중 분포한 곳으로 알려진 곳이다. 광개토대왕릉 비, 충주 고구려비5세기경 건립, 1979년 발 견됨에 이어 세 번째 발견된 이 고구려 비는 광개토대왕릉비처럼 고구려 역 대 왕릉을 관리하기 위한 규정을 담은 이른바 수묘비守墓碑이다.

이 비석을 누가 세웠는지는 아직 밝 혀진 바 없으나, 설사 이 비석을 장수 왕이 세우지 않았다 해도 광개토대왕 릉비가 건립되었던 시점414년과 가까 운 어느 시기에 그와 비슷한 목적으 로 세워진 것으로 평가되고 있다. 성 벽이나 돌 등에 글을 새긴 고구려 석 각이 발견된 적은 있지만, 별도의 돌 에 글자를 새긴 고구려 비석은 광개 토대왕릉비와 충주 고구려비가 유일 하다고 한다.

비석의 형태를 살펴보면, 비석의 윗부 분과 아랫부분이 결실된 상태이지만

높이 1.73미터, 너비 60.6~66.5센티 미터, 두께 12.5~21센티미터, 무게는 464.5킬로그램이다. 이번에 발견된 고구려비는 석주형사각기둥 모양인 광개 토대왕릉비나 충주 고구려비와 달리, 비석의 전면과 후면을 편평하게 갈아 서 만든 판상형의 형태를 띠고 있다. 비석의 정면에는 총 218개 글자가 새 겨져 있다. 특히 비석 글자는 예서체 로 밝혀졌는데, 중국 한漢대의 전형적 인 예서체가 아닌 고구려의 독특한 예 서체 형태를 띠고 있다고 한다. 중국 의 서체와는 확연히 다른 광개토대왕 릉비의 서체와 많이 닮아 있으면서, 당시 중국에서 유행하던 한대의 예서 체와도 유사한 면이 있다고 한다.

비문은 총 10행으로, 마지막 10행을 제외하고는 행마다 22자가 적혀 있다. 218자 중 판독이 가능한 글자는 140 자다. 비석 첫머리에는 "시조 추모왕 이 나라를 창건하니라始祖鄒牟王之創基 也", "하백의 손자河伯之孫", 그리고 그런 추모가 "나라를 일으켜 (왕위가) 후대 로 전해졌다"는 구절이 씌어 있다. 광 개토대왕릉비가 종합안내판 격이라

면, 이번 비석은 그 미니어처라고 할 수 있다. 요컨대 광개토대왕릉비가 고구려 선대 왕릉을 어떻게 관리할 것인지를 규정한 헌장이나 헌법에 해당한다면, 이 비석은 그와 관련해 개별 능묘를 어떻게 관리했는지를 보여준다는 점에서 획기적인 자료가 될 수 있다고 한국 학계는 설명했다. 이를 통해 앞으로 고구려 서체의 발전 과정, 한-중 간 문자 교류 양상 등을 살펴볼 수 있을 것으로 전망했다.

한편, 중국이 비공개로 제2광개토대왕릉비에 대한 조사·연구를 진행하는 가운데, 고구려사 왜곡 논란을 빚은 동북공정 참여 학자들이 연구팀에 대거 투입된 것으로 확인되고 있다. 동북공정의 주요 이론가들이 이번 연구에도 참여함으로써 새 고구려비의 역사적 의의를 중국의 입맛에 맞게 해석하려는 것은 아닌지 우려 섞인 관측도 제기되고 있다.

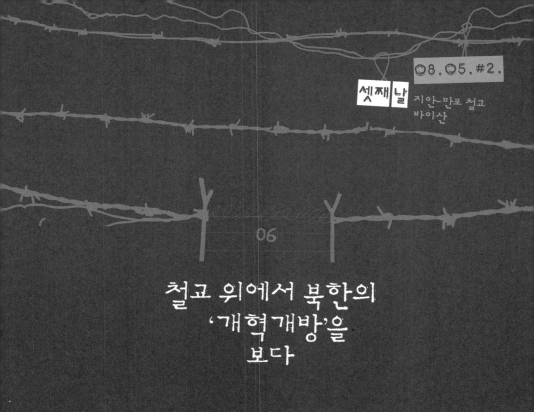

06

철고 위에서 북한의
'개혁개방'을
보다

지안과 만포를 잇는 철교. 철교 저 너머가 북한 땅이다.

1,376.5km

셋째 날 ② 지안~만포 철교 → 바이산

북한의 경제 개혁과 대외 개방을 알리는 벽보

지안의 고구려 유적 답사를 마치고, 우리는 북한의 만포滿浦로 통하는 철교 쪽으로 갔다. 만포라는 지명은 압록강을 오가는 배들이 가득滿 몰리는 포구浦口라는 뜻에서 나왔다고 한다. 강을 오르내리는 배들이 그렇게 많이 몰려들고 머물렀다면, 압록강 상하 물류는 물론이고 강 건너 중국과의 교역에서도 만포가 제법 큰 몫을 했을 것이다.

지도상으로 지안과 만포는 압록강을 사이에 두고 마주보고 있다. 그러나 만포와 연결되는 철교가 있는 곳은 지안에서 외곽으로 좀 떨어진 곳인 듯했다. 물론 철교가 있는 지점도 지안 시의 일부다. 이 철교는 단둥의 압록강 철교와 더불어 북한으로 통하는 압록강 위의 양대 철교 중 하나다.

철교 입구에 들어서니, 철로와 철교 위를 걷는 것은 가능하지만 사진을 찍어서는 안 된다는 경고문이 나붙어 있었다. 중국인들과 함께 철교 쪽을 향해 걸어가다가 우리는 눈이 번쩍 뜨일 만한 의미 있는 벽보를 발견했다. 대단한 내용이 씌어진 벽보였다. 중국인들은 그냥 지나쳐 갔지만 우리는 걸음을 멈출 수밖에 없었다. 벽보라기보다는 시멘트벽에 페인트로 정성들여 글씨를 쓴 게시판이었다. 북한이 경제 개혁과 대외 개방 정책을 시행 중이라는 내용이 담긴 벽보였다. 그리고 북-중 간의 역사적 사건을 담은 사진들도 함께 있었다. 이것은 상당히 중요하다고 생각되어 그 내용을 원문 그대로 번역하여 소개한다.

　"신新중국 건국1949년 10월 1일 이후 지안은 대對조선 3대 개항장 중 하나이며, 지안의 압록강 국경 철교는 양국 간 무역 거래에 중요한 역할을 하고 있다. 특히 개혁개방1978년 12월 이후 중국의 화학공업 원료, 건축 재료, 플랜트, 전기기계 제품, 생활용품 등이 조선에서 큰 인기를 누리고 있다. 한편 조선의 광산물, 목재 등은 중국 기업들에게 매력적이다. 중-조中朝 무역은 상당한 상호보완적 특성이 있다.

　근년에 조선이 경제 개혁과 대외 개방 정책을 추진함에 따라, 양국 간 경제 교류와 협력이 나날이 확대되고 있다. 지안에서는 1992년부터 조선 여행 사업이 개시되었다. (지안의) 압록강 철교는 조선 여행의 중요한 통로로서 연평균 5,960명 정도의 관광객을 운송했다. 그런데 2001년 6월 이후 여러 가지 이유로 조선 여행이 최근까지 중단되었다. 그러다가 2011년 5월 30일에 지안 시 인민정부와 조선 자강도 만포군이 조선 여행 사업 재개 협정을 체결했다. 압록강 철교는 조선 여행 사업의 중요한 일환으로서 관광 운송의 중임을 다시금 맡게 될 것이다.

　현재 압록강 철교는 '청소년 애국주의 교육기지'가 되어 매년 시내 각 초·중등학교에서 학생들이 단체로 애국주의 교육을 받으러 온다."

　이런 내용이다. 그런데 우리가 주목한 것은 북한이 경제 개혁과 대외 개방을 하고 있다는 사실이 중국의 한 변방 도시의 공식 벽보에 공공연하게 적혀 있다는 점이었다. 북한의 개혁과 개방이 언제 시작될지 너무나도 궁금했었는데, '경제 개혁'과 '대외 개방'이라는 용어가 이렇게 공공연하게 쓰일 정도라면 북한이 적어도 작년2011년 6월부터는 대외 개방을 시작했다는 얘기다.

1   지안-만포 철교 입구에 붙어 있는 벽보. 북한의 개혁개방을 알리는 의미 있는 내용이 적혀 있다.
2   지안에서 건설 중인 교량 건너편 북한 마을.

비록 시작에 불과하지만 의미 있는 일이 아닐 수 없었다. 모두들 "그래? 그동안 이런 일이 일어났었단 말이지?" 하는 눈치였다. 원래 중요한 정보는 중심보다 변두리에서 먼저 새어 나가고 소문으로 퍼져 나간다는 세상 이치를 떠올리면서, 우리 일행은 북한이 정말 본격적으로 개혁개방으로 나아가고 있는지 더욱 궁금해졌다.

철교 위에서 보니 강 위쪽으로, 지안에서 만포를 바라보는 위치에서 왼쪽으로 자동차와 사람이 함께 다닐 수 있는 다리가 건설되고 있었다. 일행 중 한 분이 적어도 5년 전에는 그 다리가 없었다고 말했다. 다리 공사가 거의 끝나가는 것으로 보아, 아마도 벽보에 소개된 최근 북-중 관계와 관련해 다리를 놓기 시작한 것 아닌가 하는 생각이 들었다. 아무튼 지안과 만포의 경제적·지리적 위치 때문에 철교와 다리를 통한 북-중 간 인적 왕래와 물류가 앞으로 더욱 활발해질 것 같다.

이번에 단둥에서 지안까지 오면서 느낀 것은 북한과 중국 사이의 인적 왕래와 물적 교류가 활발히 이루어지고 있다는 점이었다. 남북 간 왕래와 교류 협력은 막혀 있는데, 중국과 북한은 왕성하게 교류하고 있는 것이다.

경협 범위와 속도에 대한 북-중 간 입장 차이

이번 답사를 시작하기 전에 최근의 북-중 경제협력과 관련된 책 한 권을 읽은 적이 있다. 그 책에서도 최근 북-중 경협의 가장 큰 변화는 북한과 중국의 지방정부가 실질적인 협력 사업의 주체로 등장하기 시작했다는 것을 지적했었다. 지안 시와 만포군이 조선 여행 사업 재개 협정을 체결했다고 철교 벽보에 씌어 있는 것과 같은 맥락이다. 중국과 북한의 지방정부가 가지고 있는 사업 추진 권한이 제한적이고 지방정부가 이중 삼중의 내부·외부 통제를 받고 있음에도 불구하고, 양자 간 다양한 사업들이 추진되고 있다고 했다. 예컨대 지안 시와 만포군은 1만 평 정도의 작은 섬인 벌등도에 연결 교량을 건설하고 관광위락 시설을 건설하여 중국 국내 관광객을 유치하는 계획을 세웠다.

2012년 장성택이 중국을 방문했을 때, 원자바오는 '나선과 황금평·위화도의 공동 개발을 적극적으로 추진하기 위해서는 다섯 가지 원칙이 확립'돼야 한다고 하면서, 그중 하나로 지방정부 간 긴밀한 협조 관계를 마련해야 할 것을 주문했다. 그러나 북-중 경협의 현재 수준에 대해 중국 쪽은 좀 불만이 있다고 할까, 성에 차지 않는 것 같다. 중국 사람들이 이런 말들을 한다고 한다.

"생각은 많으나 행동은 적고, 협의는 많으나 성사된 것은 없다. 작은 것은 많으나 큰 것은 적고, 실패한 것은 많으나 성공한 것은 적다."

중국식 화법이 잘 드러나는 표현인데, 이는 일단 북-중 간 합의한 국경 지역의 교량 건설과 도로 건설 등 인프라 사업, 그리고 몇몇 국경 지역의 광산 사업 등이 아직 초보적 협력 관계에 머물러 있다는 것을 시사한다고 할 수 있다. 중국 사람들이 기대했던 것만큼 돈이 빨리 안 벌린다는 의미일 수도 있다. 그리고 북-중 간 경협의 속도와 범위 면에서 입장차가 있다는 얘기도 된다.

이런 말이 도는 걸 보면, 중국은 북-중 경협을 통해 국가 이익을 극대화하고자 하는 데 반해 북한은 속도와 시기를 놓고 저울질을 하고 있는 것이 아닌가 하는 생각이 든다. 그러나 중국에 대한 북한의 무역 의존도는 갈수록 심화되고 있다.[8] 그리고 북한을 향해 다가가는 중국의 적극성은 앞으로도 유지될 것으로 보인다. 지금까지 보아온 항미원조·조중혈맹을 상징하는 조형물의 건립 동향, '사회주의 애국주의' 사상교양 강화 등의 움직임이 시사하고 있는 중국의 전방위적 대북한 접근 정책이 이러한 전망을 가능케 한다고 할 수 있다.

중국인민지원군 선발대의   비밀리 사전 입북 증거

지안-만포 철교는 양쪽 군인들이 관리하고 있었는데, 중간 지점에 중국 군인들이 서서 더 이상 못 가게 막았다. 북한 쪽 군인들은 거리를 좀 두고 멀찌감치 서 있었다. 철교 아래 둔덕에는 군인들이 재배하는 것으로 보이는 텃밭이 있었는데, 옥수수와 채소를 재배하고 있었다.

---

8   2012년 현재 북-중 간 교역 규모는 60억 3,390만 달러라고 중국 세관이 발표했는데, 2011년에 비해 7퍼센트 증가한 수치이다. 중국의 대북 수출액은 35억 3,260만 달러로 11.6퍼센트 증가한 반면, 수입액은 25억 130만 달러로 1퍼센트 증가에 불과했다. 그리고 중국이 북한에서 수입하는 물품의 60퍼센트가량은 대부분 광물이 차지하고 있는데, 북한산 철광석과 무연탄 등 14억 8,900만 달러어치를 수입했다.

강 건너는 접경 지역 어디서나 흔히 볼 수 있는 분위기의 북한 마을이었다. 마을이 손에 닿을 듯 지척에 있었다. 어림잡아 철교는 200미터 정도 되는 것 같았다. 10여 분 철로 위를 걷고 구경하는 동안 북한 마을에서 사람의 인기척은 찾아볼 수 없었다. 만포에서는 강에 나와 있는 사람조차 없었다. 여느 시골마을처럼 그저 평온해 보였다.

철교를 중간 지점까지 걸어보고 돌아 나오다가, 이번에

＃　한국전쟁 당시 중국 인민군의 사전 입북 사실을 나타내는 비석. 펑더화이가 이끄는 본진이 북한에 들어가기 8일 전에 이미 선발대가 이곳을 통해 북한에 들어갔다는 것을 증명하는 귀중한 자료였다.

는 중국의 한국전쟁 참전과 관련하여 의외의 자료를 발견했다. 지안-만포 철교 입구 바로 앞 국경 표지석 옆에 서 있는 비석에 "1950년 10월 11일 중국인민지원군 선발대가 비밀리에 이곳을 통해 가장 먼저 조선에 들어갔다"는 내용이 적혀 있었다. 단둥에서 본 펑더화이 동상 밑에는 중국인민지원군이 한국전쟁에 참전한 날짜가 1950년 10월 19일이라고 적혀 있었고, 그것이 객관적인 정설이었다. 그렇다면 이 비석은 10월 19일 펑더화이가 이끄는 본진이 북한에 들어가기 8일 전인 10월 11일에 이미 선발대가 이곳을 통해 북한에 들어갔다는 것을 증명하는 귀중한 자료라고 할 수 있다.

앞에서 나는 중국의 참전 결정은 1950년 10월 2일 이루어졌지만 10월 19일에야 실제 참전이 개시된 이유를 이야기했다. 저우언라이가 스탈린에게 공군 지원을 요청하는 전문을 보낸 10월 14일까지도 소련은 중국에게 공군 지원을 약속하지 않았고, 그 이후에나 지원 약속을 했을 것이라는 얘기도 했다. 그런데 1950년 10월 11일에 지안에서 참전 선발대가 북한으로 들어갔다는 것은 새로운 사실史實이 아닐 수 없었다.

소련의 공군력 지원을 학수고대하던 중국이 어떤 정보와 판단 하에 군대를 북한에 비밀리에 미리 들여보냈단 말인가? 그것도 저우언라이가 전문을 보내기 3일 전에 말이다. 앞으로 밝혀낼 만한 흥미 있는 연구 과제라고 생각한다.

중국의 애국주의 성격

우리가 걸었던 지안-만포 철교와 그 주변에서 우리는 세 가지를 발견하고 주목했다. 첫째는 북한의 개혁개방과 관련된 것이고, 둘째는 중국인민지원군이 1950년 10월 11일 지안에서 비밀리에 사전 입북을 했다는 것이다. 그리고 셋째는 지안-만포 철교가 지안 시내 초·중등 학생들의 '청소년 애국주의 교육기지'로 활용되고 있다는 사실이다.

앞에서도 단둥의 압록강 단교 얘기를 하던 중, 중국이 한국전쟁 참전과 관련된 조형물을 자기네 인민들의 '사회주의 애국주의' 사상 교육

지안–만포 철교의 벽보를 통해, 이곳이 '청소년 애국주의 교육기지'로 활용되고 있음을 알 수 있다.

소재로 쓰고 있다고 지적했다. 미국 워싱턴 DC의 한국전쟁 참전 미군 조형물도 미국 시민들의 아메리카니즘 고취에 쓰이는 것 같다고 했다. 허커우 단교와 마오안잉 동상도 '사회주의 애국주의' 사상 교육 소재라고 할 수 있다. 그런데 지안-만포 철교는 아예 지안 시내 초·중등 학생들의 '청소년 애국주의 교육기지'로 활용되고 있다고 적혀 있었다.

북한의 경제 개혁과 대외 개방에 대해 언급한 벽보 말미에 '청소년 애국주의 교육기지'라는 용어가 적혀 있는 것을 본 일행이 이렇게 말했다.

"한국전쟁 참전 사실이 이렇게 중국 인민들의 정치사상 교육에서 중요한 축을 이루고 있다는 것은 주목해야 할 일이다. 건성으로 보고 지나갈 일이 아니다. 장차 더 밀접해질 수밖에 없는 한-중 관계에 제대로 대처하기 위해서는 중국 외교의 철학적 배경과 민족주의 개념에 대해 심도 있게 연구할 필요가 있다."

그러자 다른 일행도 "우리는 침략을 많이 당하다 보니 민족주의가 '저항적 민족주의' 성향을 띠고 있다. 민족주의가 저항성을 띠다 보니 애국심도 저항과 극복의 개념으로 인식되고 교육되는 경향이 있다. 심지어 스포츠에서도 일본과 대결할 때 일본만큼은 꼭 이겨야 애국자가 되는 것같이 생각한다. 그런데 이에 비해 큰 나라의 민족주의는 팽창성 내지 확장성이 있다고 할 수 있다"고 덧붙였다. 한국전쟁 참전 사실은 말할 것도 없고 압록강 위의 끊어진 다리들마저 중국 인민들의 애국주의 교육용 자료로 쓰이는 걸 보면서 그런 이론이 일리가 있다고 생각했다.

바이산의

지안-만포 철교를 보고 난 우리는 180킬로미터를 더 달려 퉁화通化를 거쳐 바이산白山 시까지 갔다.

　잘 닦인 도로를 달려왔음에도 불구하고 우리가 탄 자동차의 벨트 하나가 고장이 났다. 갑자기 에어컨이 작동이 안 되어 차 안이 좀 더웠다. 지금까지 참으로 먼 길을 달려온 셈인데, 이제껏 별 탈이 없었던 것만 해도 다행이다. 우리가 탄 차는 현대자동차에서 생산한 차였다. 중국에서 생산한 차보다 믿음이 가는 것은 우리 기업에 대한 믿음 때문일 것이다. 바이산 시가 주변의 다른 도시들보다 커서 현대자동차의 부품을 어렵지 않게 구할 수 있었다. 에어컨도 다시 작동되었다.

　바이산 시는 예전에는 훈장渾江 시였다. 훈장 시를 흐르는 훈 강은 고구려 동명성왕 주몽이 고구려를 세우며 도읍했다고 전해지는 비류수沸流水의 지류이다. 강물이 뿌옇다고 해서 '혼탁한 강'이라는 이름이 유래하였다. 그러나 1994년 창바이 산長白山 가까이 있는 도시라는 의미에서 바이산白山이라고 개명했다고 한다.

　우리는 바이산 시내 호텔에 짐을 풀고 저녁을 먹으러 시내에서 좀 떨어진 곳으로 나갔다. 산소가 풍부한 강 상류의 맑은 물에서만 산다는 산천어를 맛보기 위해 산천어 요리를 잘한다는 식당으로 갔다. 이제 두만강 쪽으로 가면 산천어를 먹기가 쉽지 않다고 하니 바이산에서는 산천어를 꼭 먹어보자고 별렀던 터였다. 무산철광 아래쪽 두만강은 광산에서 흘러나온 폐수로 오염되어 있어, 압록강 상류가 산천어를 맛보는 마지막 기회가 될지도 몰랐다. 자연산이라 가격이 비싸서 다른 날의 저녁보다 비용이 많이 나왔다.

　돌아오는 길에 우리는 잠시 걷기로 하였다. 차도 다니는 길이지만 길은 예상 외로 불빛을 찾아볼 수 없을 정도로 깜깜했다. 얼마나 깜깜했던지 서울 밤하늘에서는 볼 수 없었던 북두칠성도 보이고 은하수도 보였다. 옛날 어린 시절 외할머니 댁에서 보았던 그런 밤하늘의 별들이었다. 고개를 젖히고 별을 헤는 것을 잊은 지 정말 너무 오래된 것 같다. 우리 바로 가까이에서 반딧불이가 꽁지 불을 밝힌 채 이리저리 날고 있었다. 도시 생활은 편리하지만 가끔 자연으로, 시골로 돌아가고 싶다는 생각이 문득 들었다.

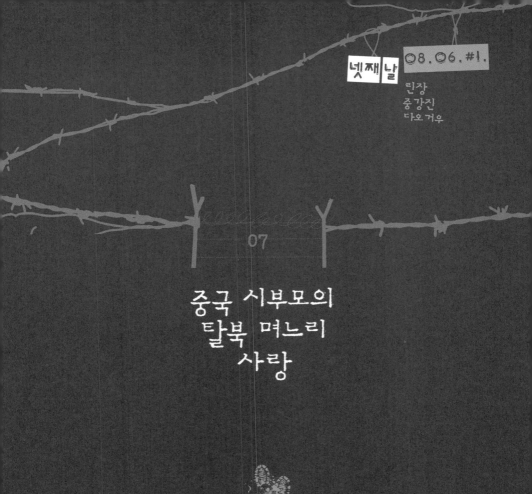

07

중국 시부모의
탈북 며느리
사랑

1 린장 도로 주변에 쌓아놓은 목재.
2 린장 건너편의 북한 마을 모습.

1,376.5km

넷째 날 ① 린장 → 중강진 → 다오거우

조선족 이민사의

바이산에서 하루를 묵은 뒤, 백두산에 오르기 위해서는 일단 그 전진기지라고 할 수 있는 창바이長白까지 가야 했다. 바이산에서 창바이까지 거리도 거리지만 계속 중국 농촌 마을을 지나가야 하기 때문에 점심을 먹을 만한 식당도 적당치 않을 것 같았다. 그래서 우리는 시간도 절약할 겸 도시락을 준비하여 출발했다.

가는 중간에 린장臨江에서 잠시 쉬면서 북한의 중강진을 건너다보기로 했다. 린장으로 가는 버스 차창 밖으로 스쳐 지나가는 중국의 농촌 마을을 보면서 우리의 새마을운동이 연상됐다. 중국 쪽은 윤택하다는 느낌이 들었다. 간간이 강 건너로 보이는 북한 쪽의 모습과는 대조적이었다. 한여름에 펼쳐지는 진초록의 들판과 산림인데도 어쩐지 강 건너는 빈약하고 초라해 보였다.

산야만이 아니었다. 질서정연하게 늘어서 있는 중국 쪽 가옥들은 지붕이 주황색, 벽은 하얀색으로 칠해져 있어서 초록의 산야와 멋진 콘트라스트를 이루었다. 마을 중심에는 공공시설인 듯한 건물이 새로이 축조되고 있는 곳도 많았다. 특이한 점은, 단순한 형태이기는 하지만 지붕에 태양광 집열판을 단 가옥들이 제법 많다는 것이었다. 집 안에서 쓸 수 있는 조명이나 온수를 공급하는 정도겠지만 변방의 시골 주택까지 그린에너지를 이용하고 있다는 것은 인상적이었다. 농가의 지붕을 개량하고 시골 구석구석까지 도로가 놓여 있는 것이, 중국인의 삶이 질적으로 나아지고 있음을 단적으로 보여주고 있었다.

반면 어쩌다 보이는 북한 쪽 가옥들은 진회색 기와가 바람이 불면 곧 날아가게 생겼다. 그리고 얇게 발려진 시멘트벽으로 어떻게 추운 겨울을 나는지, 북한 주민의 척박한 삶이 고스란히 내게도 전달되었다. 나는 추위를 너무 타기 때문에, 한반도 가장 북쪽에 위치한 지역에 사는 주민들의 겨울나기를 상상할 수 없었다.

우리는 잘 닦인 도로 위를 달려 오전 10시 전에 압록강 중상류의 작은 도시 린장에 도착했다. 린장은 북한의 중강진과 다리를 사이에 두고 마주하고 있다. 삼림이 전체 면적의 79퍼센트를 차지하는 임업도시답게 길가에는 베어다놓은 목재들이 널려 있었다. 예전에는 뗏목으로 목재 등의 물자들을 수송했다고 한다. 도로 사정이 안 좋았기 때문이라고 하는데, 지금은 퉁화에서 창바이까지 공로公路, 도로를 통해 목재와 물자들이 운송된다고 한다.

린장은 한반도와 특별한 인연이 있는 곳이다. 1800년대 초중반 조선의 가렴주구苛斂誅求가 심하던 시절, 많은 조선인들이 먹고살기 위해 만주로 건너와서 농사를 지으며 살았다. 1831년순조 32년 조선인 두 명이 린장 부근으로 건너왔는데, 그들이 최초의 중국 이주 조선인이었다. 이후 이들을 따라 강을 건너 린장으로 온 조선인들이 마을을 이루고, 만주 지역의 미개간지를 개척하면서 살았다고 한다. 조선인의 만주 이주 역사가 바로 린장에서 시작된 것이었다.

청나라

중국의 린장 건너에는 한반도에서 백두산 인근의 삼지연군郡 다음으로 가장 춥다는 중강진中江鎭이 있다. 중강진은 강 가운데, 즉 압록강 중류 지역에 위치하고 있다는 데서 그 이름이 유래했다. 1949년 자강도가 신설되기 전에는 평안북도에 속하였고, 1952년에 중강진을 중심으로 한 지역이 자강도의 중강군으로 분리되어 현재에 이른다.

중강진이 지금은 삼지연 다음으로 추운 곳이 되었지만 우리 지리 교과서에는 상당히 오랫동안 한반도에서 가장 추운 곳으로 기록되어 있었던 탓인지 그리 낯선 느낌이 들지 않았다. 중강진은 조선시대 인조 때인 1646년에 청나라와의 무역을 위해 호시互市가 설치되었던 곳이다. 조선과 청나라는 압록강을 사이에 두고 중강호시, 두만강을 사이에 두고 회령호시와 경원호시를 통해 공무역公貿易을 했다. 그중에서도 중강호시는 가장 유명했고 번성했었다. 조선에서는 주로 금, 인삼, 종이, 소가죽, 모시 등이 중국으로 팔려 나갔다. 중국에서는 비단, 당목唐木, 목면 실로 폭이 넓게 짠 천, 한약재, 보석, 서적 등이 중강진을 통해 조선으로 들어왔다. 중강진에서 공무역이 이렇게 번성하다 보니 중강호시 외에 중강후시後市라는 밀무역도 번성했다고 한다.

그런 역사가 있어서인지 린장에서 중강진으로 통하는 다리 앞에는 그럴듯한 해관海關, 세관 건물이 있었다. 건물 상태로 볼 때 최근에 지은 것 같았다. 그리고 세관 주변에는 적지 않은 사람들이 모여 있었다. 북한과 무역을 하는 사람들인 것 같았다. 린장과 중강진 사이에 요즘에도 무

♯   강 건너 중강진 마을의 협동농장과 돼기밭.

역이 제법 이루어지고 있는 것 같았다. 중강진이 저렇게 초라하게 보여도 현재도 북-중 간 무역에서 일정한 역할을 하고 있는 곳이라는 생각이 들었다. 내가 듣기로는 북한의 자강도 쪽에서 중국에, 압록강의 섬 하나를 골라 북-중 간 자유무역 시장으로 만들자는 얘기를 하고 있다고 하는데, 만약 그게 성사된다면 아마도 역사도 있고 하니 중강진 가까운 곳에 있는 어느 섬이 되지 않을까 싶다.

우리는 중강진의 사는 형편을 살피기 위해 강 건너 마을이 한눈에 내려다보이는 산 중턱의 망강루望江樓라는 정자에 올랐다. 누각 이곳저곳에는 많지는 않지만 쓰레기들이 널려 있었다. 한국에서 생산된 과자봉지와 음료수 병도 눈에 띄었다. 다른 한국 사람들도 왔다 간 모양이다.

8월의 태양 아래 펼쳐진 중강진을 꽤 오랫동안 바라보았다. 멀리 떨어진 인가와 협동농장이 눈에 들어왔으나, 다른 지역보다 좀 더 사정이 어려워 보일 정도로 한빈한 마을이었다. 더워서 그런지 마을 거리에 나와 다니는 사람은 없었다. 북한 마을을 보고 있노라면 항상 느끼는 것이지만, 길에 나와 다니는 사람들이 적다는 것이다.

마침 학교로 보이는 건물의 중앙에 '지·덕·체'라 씌어 있는 글귀를 발견할 수 있었다. 당연한 것을 보고 이상하게 생각하는 나 자신이 부끄러웠다. 나는 학교에서도 김일성 부자와 김정은을 찬양하는 글귀를 생각하고 있었던 모양이다. 학교란 곳이 학생들의 '지·덕·체'를 수양하기 위한 곳임에도 불구하고 북한의 학교는 남한의 학교와 다른 줄 알았으니 말이다.

신의주와 위원에서도 그랬지만, 중강진에도 강물이 범람할 때를 대비한 둑이 없었다. 린장 쪽은 강을 따라 시멘트 옹벽을 세웠기 때문에 걱정이 없어 보였다. 이에 반해 중강진 쪽은 불어난 강물이 논밭과 마을로 거침없이 들어갈 수 있을 것 같았다. 물론 중강진에도 김일성-김정일-김정은을 찬양하고 혁명 수뇌부를 결사옹위하자는 등의 입간판들이 어김없이 세워져 있었다.

우리 눈에 안 들어오는 산 너머 마을은 린장과의 무역으로 그나마 실속을 차리고 있는지 몰라도, 눈에 보이는 강 건너 풍경은 여름 뙤약볕 아래에서도 척박해 보였다. 강에 나와 미역 감는 몇 안 되는 아이들이나 빨래하는 아낙네, 물고기 잡느라고 바쁜 군인들의 모습도 다른 곳에 비해 어쩐지 더 초라해 보였다.

압록강 물길 따라

유유히 흐르는
뗏목

오늘 우리는 다오거우道溝라고 불리는 곳들을 여러 군데 지나왔다. 다오거우는 그 지역의 지형을 보고 지정한다고 하는데, 압록강 중류부터 상류까지 다오거우가 23개나 있다고 한다. 다오거우 이름이 붙은 곳에는 일반적으로 길道을 따라 흐르는 도랑溝이 있고 그 주변에 마을이 형성되었다고 한다. 사람이 살기에 적당한 곳인 셈이다.

실제로 우리가 가는 길 왼편의 지형을 보니, 산은 도로에서 멀리 떨어져 있었고 너른 들판이 먼저 눈에 들어왔다. 다오거우의 특성을 지닌 지형이라 그런지 도랑물이 흐르는 양쪽으로 들판과 가옥들이 형성되어 있었다. 그 도랑물은 압록강으로 흘러들어가고 있었다. 8다오거우 건너편에는 북한의 김형직군郡이 있고, 12다오거우 맞은편에는 김정숙군이 있다. 김일성의 아버지인 김형직과 김정일의 어머니인 김정숙의 이름을 딴 지명이다.

6다오거우와 7다오거우를 지나는 길에 우리는 정말 흥분되는 광경을 목격하였다. 압록강을 흘러 내려가는 뗏목의 행렬이 나타난 것이다. 초등학교 시절 교과서 사진으로만 보았던 장면이 바로 내 눈앞에 펼쳐지고 있었다. 나도 난생 처음 보는 광경이지만 다른 일행들도 뗏목은 처음 본다고 했다. 하나가 아닌 여러 개의 뗏목이 유유히 압록강 물길을 따라 흘러 내려가고 있었다. 우리는 가다 서다 하면서, 처음 보는 뗏목을 유심히 구경했다.

뗏목은 같은 길이로 자른 목재들을 4분의 1이나 5분의 1쯤 펼친 부채 모양으로 묶은 다음, 그 부채 모양의 목재 다발을 앞뒤로 사이사이에 끼이도록 연결하였다. 전체 모양을 보면 커다란 마른 오징어를 펼쳐 놓은 모양으로, 앞쪽은 좁고 중간 부분은 넓으며, 꼬리 쪽은 앞쪽보다는 넓지만 중간 부분보다는 좁게 목재 다발들이 묶여 있었다. 말하자면 유선형으로 목재 다발들을 묶되 서로 지탱이 되도록 앞뒤로 연결시켜놓은 것이다. 몇 날 며칠을 강을 따라 흘러 내려가는 동안 때로는 풍랑이나 급류를 만날 수도 있기 때문에, 그런 것들을 이겨낼 수 있도록 지혜를 발휘한 것 같았다.

뗏목 위에는 5~6명의 남자들이 타고 있기도 하고 3명이 탄 작은 뗏목도 있었다. 한여름 뙤약볕 아래 유유히 흐르는 뗏목 위에 누워 낮잠을 청하는 사람도 있었다. 멀리서 보아서 그런지 뗏목의 물길을 잡아주

♯　압록강을 따라 흘러 내려가는 뗏목.

는 키라고 할 만한 것이 보이지 않았는데, 어떻게 원하는 방향으로 흘러가는지 궁금했다. 그냥 강의 흐름에 맡기고 물길을 따라 흘러가면 목적지까지 도착할 수 있는 것인가? 강 언저리에 부딪히지 않고 강 중앙으로 잘도 흘러가고 있었다. 이 뗏목들은 모두 중국의 것임을 나중에야 알았다. 중강진과 린장이 임업이 발달한 도시라고 들었는데, 이 뗏목들이 그곳까지 가는 것 같았다.

탈북 며느리에 대한 사랑

점심때가 좀 지났지만, 챙겨온 도시락을 펴놓고 먹을 만한 곳을 찾기가 쉽지 않았다. 차가 다니는 도로변이라 그런지 마땅한 장소가 눈에 띄지 않았다. 우리 일행이 둘러앉으려면 적당한 면적에 뙤약볕을 가려줄 그늘이 있어야 했다. 그런데 찻길 양쪽을 아무리 두리번거려도 좀처럼 그런 명당이 보이지 않았다. 그러다 8다오거우 근처에서 마침 적당한 자리를 발견했다. 8월의 따가운 볕도 가려주고 압록강이 바로 아래로 흐르고 있으며, 김형직군도 건너다보이는 그런 장소였다. 그리고 앉아서 먹을 수 있게 커다란 돌덩이들도 몇 개 놓여 있었다.

그러나 그 자리에, 나무에 가려 멀리서는 보이지 않았지만 중국인 촌부 내외가 앉아서 더위를 피하고 있었다. "여기서 우리가 점심 도시락 좀 먹고 갈 수 있겠는가?" 하고 양해를 구했더니 금방 자리를 양보해주

\#　8다오거우 건너편 김형직군의 한 마을.

었다. 그러면서 여분의 낚시 의자와 돗자리까지 가져다주었다. 낚시꾼들을 상대로 장사를 하는 사람들 같았다.

중국인 촌부의 집이 바로 찻길 건너편이었다. 물도 쓰게 해주고, 화장실도 제공해주었다. 그리고 필요한 것이 있는지 물어보면서 챙겨주기까지 했다. 중국 시골의 화장실이 이상하고 불편하다는 말은 익히 들어왔지만, 닭들과 강아지들이 드나드는 화장실은 참으로 불편했다. 그래도 화장실이 있다는 사실만으로도 얼마나 고마운지. 우물물은 시원하기 짝이 없이 좋았다. 우리는 그들의 친절에 보답하고 싶어서 여유분의 도시락을 나눠주려 했지만, 이미 식사를 했다면서 굳이 사양했다. 우리는 준비해온 과일을 나누는 정도로 감사의 마음을 표시했다.

그런데 우리가 점심을 먹고 이야기를 나누는 모습을 중국인 촌부는 남이 아닌 듯 지그시 바라보고 있는 것이 아닌가? 그 눈빛은 외국인을 바라보는 호기심 어린 눈빛이 아닌, 인정이 담긴 눈빛이었다. 참으로 정이 많은 분들인가 싶었더니, 그들에게 애처로운 사연이 있었다. 우리가 한국에서 왔다는 것을 알고 자신의 얘기를 꺼냈다.

자신의 며느리는 탈북한 북한 출신 여성이었는데 밀수를 하다 공안에 잡혀 사형을 당했다고 했다. 같이 밀수를 하던 자신의 아들은 지금 감옥살이를 하고 있다고 했다. 무엇을 밀수해서 사형까지 당하게 되었는지 물어볼 수는 없었지만, 마음씨 착했던 며느리를 그리워하며 우리에게 친절을 베풀어주었던 것이다. 며느리와 같은 언어를 쓰는 우리를 보면서 불쌍한 자신의 며느리를 떠올릴 만큼 그들은 며느리와 정이 들었던 것 같다. '인권'을 운운하기 전에 같은 여성으로서 탈북 여성들이 감내해야 할 고통과 비애를 생각하니 감정이 울컥했다. 가슴이 찡해서 강 건너 김형직군을 건너다볼 기분도 나질 않았다.

조선인의 만주 이주 역사

접경 지역은 양측의 문화가 혼재된 특성을 갖는다. 북-중, 북-러 접경 지역은 오랜 세월 동안 조선인, 만주족, 한족 등 여러 민족이 접촉과 교류를 해왔던 지역이다. 압록강과 두만강 건너편인 만주와 연해주는 일찍이 우리 민족에 의해 개발되었고 지금도 우리 한민족이 살고 있는 우리의 고토故土이다.

조선인이 중국 동북 지역으로 이주해 들어온 경로는 3개 방면에 걸친 20개 경로였다. 첫째 방면은 압록강과 두만강을 건너 들어오는 경로로, 조선인 대부분이 이 경로를 통해 이동하였다. 둘째는 한반도의 서해안으로부터 랴오닝 성 서남부의 항구를 통해 들어오는 경로이고, 셋째는 한반도의 동해안에서 러시아 연해주를 거쳐 옌볜이나 헤이룽장 성의 동부 변강으로 이주하는 경로였다.심혜숙, 1994.

1831년 조선인 두 명이 린장 부근으로 건너온 이래 1845~1849년경 린장 현에는 수십 명의 조선인들이 들어와 고려문, 고려성, 조선보자朝鮮堡子 마을을 이루고 살았다.심혜숙, 1994. 가장

먼저 개척된 이주 경로는 압록강 상류의 혜산-창바이 경로였다. 이때 강 건너 조선인 정착지를 '간도間島'라 부르기 시작했는데, 두만강 이북 지역은 '북간도또는 동간도', 압록강 유역 지역은 '서간도'로 부르게 되었다. 공식적으로 1903년 조선 관원 이범윤이 청 정부에 보낸 공문에서 최초로 '간도'라는 지명이 사용되었다.

1910년 일본이 조선을 강제병합한 이후에는 소작인으로 전락한 남부 지방 출신의 조선인들이 간도로 많이 이주했다. 서간도로 이주한 조선인 수는 강제병합 직후 6만 명 정도였으나, 압록강 철교가 개통된 후인 1920년경에는 33만 명으로 늘어났다. 북간도 지역 이주민은 1920년대 중반에 30만 명에 달했다. 2007년 조사에 의하면, 현재 동북 지역에 180여 만 명의 조선족 동포가 살고 있다고 한다.

북한 여성의 법적·사회적 지위

북한은 "공화국에서처럼 녀성들을 위한 법령과 법규가 많고 사회적 시책들

이 끊임없이 베풀어지는 나라는 세상에 없다"라고 한다. 북한은 "자식 키울 걱정, 가정 생활에 대한 걱정은 나라가 다 맡아 풀어주고 녀성들은 자기의 일터와 사회에서 눈부시게 활약할 수 있는, 녀성들의 천국"이라고 주장한다.

북한은 2001년 2월 유엔의 여성차별철폐협약에 가입했고, 2002년 9월 여성차별철폐협약 이행에 관한 최초 보고서를 제출했다. 이 보고서를 통해, "북한에서 녀성 차별은 오랜 역사를 통해 철폐되어 왔으며, 성 평등은 단순한 평등을 넘어 녀성을 보다 중요시하는 개념으로 정책 및 입법에 반영되고 있다"라고 주장했다. 북한에서 "녀성들의 사회적 불평등은 자취를 감춘 지 이미 오래"라는 것이다.

그러나 실제로 북한 여성의 사회적 지위와 역할은 북한이 주장하는 것과는 달리 향상되지 않았으며, 봉건적 가장 질서 안에서 형성된 여성들에 대한 사회적 차별 의식도 아직 그대로 남아 있다. 가정에서의 여성의 지위도 북한 사회주의 헌법이나 제도가 표방하는 남녀평등과 크게 다르다. 1990년 제정·공포된 가족법은 폭넓은 금혼의 범위, 부성 추종의 원칙, 넓은 범위의 가족 부양 등 전근대적인 가부장 질서의 요소들이 담겨 있다.

그러나 식량난 이후 북한 여성들이 장사를 비롯한 다양한 경제 활동을 하면서 경제력을 갖게 되자 가정에서의 발언권도 강해진 것으로 알려지고 있다. 이는 곧 가정에서 남편의 위상이 위축되었음을 보여주는 것이다. 그러나 식량난 이후 가족의 생계 유지와 관련해 가장의 역할이 축소되고 여성이 실질적인 가장 역할을 해 나갔음에도 불구하고, 전통적인 가부장적 의식을 바탕으로 한 성 역할 분담과 고정성은 약화되지 않고 있다. 이는 북한 사회에 만연해 있는 남존여비 사상에 기인한다. 북한은 남존여비 사상을 "착취 사회의 반동적 륜리도덕관"이며 "근절되어야 할 봉건유교 사상의 잔재"로 규정하고 있음에도 불구하고 남존여비관은 강한 편이며, 전통적인 가부장제와 함께 북한 여성의 삶을 제약하는 요소로 작용하고 있다통일연구원, 2012.

08

인신매매·성매매에
무방비 노출된
탈북 여성들

＃ 깔끔하게 정돈된 북한 김정숙군 전경.

1,376.5km

넷째 날 ② 김정숙군 → 혜산

밀수를 하다가 처형당한 북한 출신 며느리 이야기를 듣고 나자, 나는 탈북자들의 인권 문제를 생각하느라 다음 목적지를 가는 내내 차창 밖의 경치를 구경하거나 사진을 찍을 마음의 여유가 생기지 않았다. 북한 인권 문제를 공부해온 나로서는 압록강을 따라오면서 간간이 탈북자들의 인권 문제를 생각하긴 하였지만, 북한 출신 며느리의 가슴 아픈 얘기를 직접 듣고 나서는 참으로 마음이 편치 않았다.

압록강 상류 쪽으로 오니 강폭이 갈수록 좁아지고 강 건너 마을이 더욱 또렷하게 보였다. 강변 가까이에서 미역을 감거나 고기 잡는 사람들의 모습도 보였는데, 이 정도로 가까우면 몰래 강을 건너오는 것이 그리 어렵지 않을 것 같았다. 그러나 요즘에는 감시와 경계가 더욱 심해졌다고 하니 탈북이 쉽지는 않을 것이다. 중국으로 넘어오는 탈북자 수를 정확히 파악할 수는 없으나, 경계가 삼엄해졌음에도 불구하고 중국으로 들어오는 탈북자의 수는 그다지 크게 줄어들지 않았다고 한다.

나는 2003년 미국의 북한 전문가인 앤드루 나초스가 쓴《북한의 기아》라는 책을 번역 출간한 적이 있다. 이 책을 통해 1990년대 중반 식량난 때문에 북한에 기아가 발생했고, 배고픈 사람들이 먹을 것을 찾아 중국으로 밀려드는 탈북 과정에서 여성들의 인권이 심각하게 침해당하고 있음을 우리 사회에 전달한 적이 있었다. 탈북 여성들은 북한으로 강제 송환되는 것이 두려워 중국 농촌 남성들과 결혼하는 방식으로 신변 안전을 보장받는 대신, 중국 남편에게 학대를 받아도 도망을 칠 수 없었다.

이런 사정을 잘 알고 있는 중국 남성들은 북한 여성을 감금하거나 폭행하기도 하고, 심지어 자식을 낳은 뒤 내쫓기도 했다.

이런 일들이 벌써 10여 년 전의 일이지만, 최근에는 인신매매단의 속임수에 넘어가 중국 농촌 남성들에게 팔려가는 경우가 많아졌다고 한다. 북한 농촌 여성들에게 "돈벌이 잘하는 곳으로 데려다주겠다"고 속여 중국에 인신매매를 한다는 것이다. 북한에서 중국으로 인신매매되어 강제 결혼을 하고, 결혼 생활을 하면서는 폭력에 시달리는 사례들이 탈북자들의 증언을 통해 전해지고 있다. 국경 지역을 중심으로 북한 사람이 중국 사람과 짜고 북한 여성들을 조직적으로 인신매매한다는 얘기다.

2001년 7월 북한이 제출한 '자유권규약'[9] 2차 정기보고서에 대한 유엔 '시민적·정치적 권리위원회'의 심의에서, 북한 대표는 "북한에서 여성 인신매매는 철저히 철폐되었다", "지난 50여 년 동안 여성의 인신매매란 존재하지 않았다"고 답변함으로써 여성 인신매매 사실을 전면 부인했다. 그러나 한편으로는 "국경 지대에서 무슨 일이 있었는지는 모르겠으나…"라고 보고서에서 설명한 것으로 보아 북한 당국도 인신매매 사실을 인지하고 있음을 알 수 있다.

중국이 산업화되면서 농촌 지역 여성들은 돈을 벌기 위해 도시로

9　　　1966년 12월 제21차 유엔 총회는 국제인권규약International Human Rights Covenants을 채택했다. '세계인권선언'을 보완하고 선언에 규정된 인권을 각국의 관할권 범위 내에서 이행할 것을 명시적으로 의무화하기 위해, 유엔 인권위원회는 '경제적·사회적·문화적 권리에 관한 국제규약'A규약과 '시민적·정치적 권리에 관한 국제규약'B규약, 그리고 '시민적·정치적 권리에 관한 규약의 선택의정서'B규약 선택의정서의 3개 협약으로 구성되는 국제인권규약을 완성했다. 1966년 유엔 가입국은 122개국으로, 106개국이 국제인권규약에 찬성했다. 자유권규약은 그중 '시민적·정치적 권리에 관한 국제규약'B규약을 줄여 말하는 것이다.

혹은 한국 등 외국으로 이주하게 되었다. 따라서 중국 사회에서 결혼 대상자나 혹은 단순히 성적 욕구를 충족할 대상으로서 여성이 부족하게 되었고, 이 같은 잠재적인 수요를 메워주는 대안으로 국경을 넘는 북한 여성들이 늘어나게 되었다. 일부 북한 여성들은 자신이 중국인들에게 팔린다는 사실을 사전에 인지하기도 하지만, 상당수의 북한 여성들은 본인이 누구에게 팔려 나가는지도 알지 못하면서 중국인에게 인계되기도 한다. 인신매매는 중국에서도 불법이기 때문에 발각될 경우 벌금을 물게 된다. 중국에서 체포된 탈북자는 변방 수비대 조사를 통해 인신매매 및 마약 거래 여부를 집중적으로 조사받는다고 한다.

북한 여성의 인신매매는 폭력을 동원한 강제 납치에 의한 인신매매, 소개인을 통한 인신매매, 가족 부양을 위한 자발적인 형태 등 다양한데, 최근에는 가족 부양을 위해 여성 스스로가 자발적으로 원해서 '도강'을 하는 경우가 많아지는 추세라고 한다. 탈북자들에 따르면, 북한에서 공개처형 당하는 사람들 가운데 상당수가 '인신매매범'이라고 한다. 북한 당국은 인신매매에 대해 공개처형과 같은 극형을 실시하는데, '알선료'를 받고 도강을 도와주며 '길안내'를 해준 사람길잡이들까지도 인신매매로 몰아 공개처형을 한다고 한다.

인신매매도 인권 유린이고 공개처형도 엄밀한 의미에서는 인권 유린이다. 그러나 문제는 탈북 여성들을 비참하게 만드는 근본 원인인 식량난이 아직도 해소되지 않았다는 점이다. 앞에서도 잠시 소개한 적이 있지만, 1990년대 중반 이후 현재까지 북한의 식량 사정이 크게 나아지지 않았고, 평양을 제외한 지역의 주민들은 자체적으로 식량 문제를 해결해야 하는 실정이라는 것은 이제 새로운 정보도 아니다. 그렇다면 북한 당국의 감시와 경계가 강화된다고 하더라도 탈북 행렬은 앞으로도 계속 이어질 수밖에 없다.

일행 중 한 분이 중국 춘추전국시대 제齊나라 재상 관중管仲의 "백성은 먹는 것을 하늘로 여긴다民以食爲天"는 말을 인용하면서, "배고픔은 인간으로 하여금 모든 것을 뛰어넘게 만든다"는 말씀을 했다. 그 말대로라면 탈북의 근본 원인인 식량난이 해결되지 않는 한 탈북은 계속될 수밖에 없으며, 그 탈북 행렬 중 다수를 차지하는 탈북 여성들의 인권 유린을 막을 길도 딱히 없다는 얘기가 되니 참으로 답답한 노릇이다.

재중 탈북자 문제는 중국 당국에게도 골치 아픈 사안이다. 북-중 관계, 한-중 관계 차원에서도 그렇지만 국제 사회도 중국 내 탈북자와 관련하여 중국에 압력을 가하고 있기 때문이다. 그러나 탈북자 문제에서 중국은 북한과의 관계를 우선적으로 고려하고 있다. 이러한 상황에서 중국으로 건너오는 탈북자들의 인권은 심각하게 침해당할 수밖에 없다. 강제 송환되기 때문만이 아니다. 남자건 여자건 강제 송환을 모면하더라도 일단은 숨어 지내야 하기 때문에, 탈북자들은 약자의 입장에서 불이익도 감수할 수밖에 없기 때문이다. 그렇게 되면 탈북 남성들보다 탈북 여성들의 인권 침해 가능성이 훨씬 커질 수밖에 없다.

운이 좋아 빠른 시간 내에 제3국으로 갔다가 한국으로 가게 되면 천만다행이지만, 운이 나쁘면 그들은 결국 인신매매, 성폭행, 성매매 등에 무방비 상태로 노출될 수밖에 없다. 북한 자체가 세계에서 가장 심각한 인권 문제를 안고 있는 국가인데, 거기서 탈출하고서도 더 험악한 인권 유린을 당할 수밖에 없는 것이 탈북 여성들인 것이다. 한계 상황에서 여성의 인권 침해는 남성의 인권 침해보다 더 심각하고, 성적인 수치

감으로 인한 인간성의 파괴는 여성에게 치유할 수 없는 큰 상처로 남게 된다.

깔끔하게 정돈된

김정숙

군

우리는 창바이를 향해 가다가 12다오거우 부근에 잠시 머물렀다. 강 건너편이 양강도량강도 김정숙군이기 때문이다. 우리는 더위도 식힐 겸 간식 삼아 바이산에서 사온 수박을 쪼개 먹으면서 강 건너 김정숙군을 바라보았다.

압록강을 사이에 두고 창바이 현과 접해 있는 김정숙군은 원래 신파군이었으나 1981년 김일성 처의 이름을 따서 개칭됐다. 김정숙군이 군청 소재지인지는 확실치 않지만 건너다보이는 마을의 규모는 그리 크지 않았다. 그러나 그동안 우리가 보아온 다른 북한 마을에 비해 건물들의 페인트칠 상태도 좋았고, 마을 안 길도 깔끔했다. 동네 가운데 김정숙 동상으로 보이는 조형물이 서 있고, 중국 쪽에서 바라보는 정면에는 관공서로 보이는 큰 건물도 있었다. 김정일의 어머니 이름을 딴 곳이라서 그런지 다른 곳에 비해 특별히 신경을 쓴 흔적이 역력했다.

김정숙군에 세워진 구호 입간판은 다른 곳보다 페인트칠도 더 완벽하게 마무리되어 있었다. 사실 이제껏 보아왔던 북한의 구호 입간판 중에는 페인트칠이 제대로 마무리되지 않았던 것들도 많았다. 김정숙군에 세워진 "선군조선의 태양 김정은 동지 만세" 입간판도 다른 곳에 비해 더 또렷하게 보였다. 건너다보이는 거리를 감안하더라도 더 또렷한 것은 분명했다. 아파트 베란다에는 볕에 말리고 있는 이불들이 널려 있었다.

김정숙군도 2011년에 창바이 현에 기반을 둔 '변경무역 수출입총회사'와 김정숙군에 있는 대규모 석영石英광산을 공동 개발하는 협약을 체결하였다고 한다.[10] 여기서 채굴된 석영은 물론 중국이 사들인다고 한다. 북한의 광물 자원에 대한 중국의 관심은 대단하다. 지안-만포 간 철교 부근 벽보에 "조선의 목재와 광물 자원은 중국 기업에게 매력적이다"라고 씌어 있던 대목이 새삼 상기되었다. 중국이 북한의 지하자원을 빨아들이는 블랙홀 같다는 생각을 하니, 북한의 경제 정책에 실망을 금할 수 없었다. 목재와 광물 같은 원자재들을 가공해 부가가치가 높은 상품으로 만들어 팔 일이지, 그걸 원자재로 그냥 팔아넘겨 버리니 북한 경제가 쉽사리 나아질 수 없는 일이다.

10　　　　창바이경제개발 변경무역 수출입총회사는 2011년 북한의 조선신진회사와 공동으로 김정숙군에 있는 대규모 석영광산을 공동 개발하는 협약을 체결해 광산에서 채굴한 석영을 중국으로 들여오고 있다. 이를 위해 창바이 현은 접경 지역의 13다오거우에 임시 통상구를 개설했다. 또한 북-중 양국은 변경 무역, 관광, 광산자원 개발, 노동자 송출 등의 협력을 강화하고 김정숙군의 풍부한 석영과 산나물, 한방 약재 등을 공동 발굴하기로 합의했다. 한편 중국 당국은 창바이 현 조선족자치현에 국가급 중점개발개방실험구역 건설을 검토하고 있다2012. 12, 길림신문.

혜산의 두 얼굴,

김정숙군을 잠시 건너다보고 난 우리는 압록강 수계 상류에서 가장 큰 도시이자 양강도 도청 소재지인 혜산惠山을 보기 위해 창바이로 향했다. 1998년도에 왔을 때의 기억으로는, 창바이와 혜산은 그야말로 너무나 가까워서 망원경 없이도 충분히 건너다볼 수 있었다. 그러니 이번에도 혜산 사람들의 살림살이가 예전에 비해 좀 나아졌는지 내 눈으로 직접 확인할 수 있을 것이다. 일반적인 사람들의 생활 모습을 오감으로 체험할 것이다. 혜산이 가까워질수록 조금씩 설레기 시작했다.

　드디어 강 건너로 혜산이 또렷하게 보이는 지점에 도착했다. 호텔에 짐도 풀지 않고 일단 혜산을 살피느라 모두들 바빴다. 혜산은 한눈에 다 담을 수 없을 정도로 큰 도시다. 압록강변을 따라 길게 형성되어 있기도 했지만, 강에서 멀리 떨어진 산 밑자락까지 건물들이 들어서 있었다. 도청 소재지답게 일반 가옥보다는 공동주택 형태의 아파트 같은 건물들이 많았다.

　혜산시는 1954년 양강도가 신설되면서 도 소재지가 되었는데, 내륙 산간에 위치하고 있어서 발전이 늦은 편이었다. 인구 20만으로 규모는 그리 크지 않으나, 백두산 혁명 전적지로서 정치적 중요성이 큰 도시다. '혜산'이란 지명에서 짐작하듯이 혜산의 지역 경제는 산지 의존도가 높은 산업과 연관되어 있는데, 일찍이 백두산 일대의 삼림 자원을 개발하기 위해 일제가 육성한 임산 도시이기도 하다. 최근에는 양강도 행정의 중심 도시로서 변경 무역이 발전하고 있는데, 창바이 통상구를 통해 들

1   압록강을 사이에 두고 왼쪽은 혜산, 오른쪽은 창바이.
2   창바이와 혜산을 오가는 트럭. 북-중 교역이 활발히 이루어지고 있음을 말해준다.

어온 중국산 상품은 혜산을 거쳐 신의주, 함흥, 평양과 멀리 떨어진 사리원까지 유통되고 있다고 한다. 그래서 혜산 주민들의 생활수준은 북한 다른 지역에 비해 상대적으로 높은 편이라고 한다.

혜산과 마주하고 있는 창바이는 요즘 교통의 요지로 부상하고 있다. 우선 백두산 관광의 전진기지로서 한국 관광객은 물론 중국 관광객들도 많이 방문할 뿐만 아니라, 창바이-혜산을 잇는 다리를 통해 북-중 교역이 활성화되고 있기 때문이다. 그래서 그런지 중국 측 해관세관으로 보이는 비교적 큰 건물과 연결되는 다리 위에는 창바이와 혜산 간에 물건을 실어 나르는 큰 트럭들의 행렬이 이어지고 있었다. 강 건너 둑길 위로도 덤프트럭 같은 차들이 다니고 있었다. 혜산에는 북한 최대의 구리광산인 청년동광青年銅鑛이 있는데, 아마도 그쪽에서 동광 원자재를 싣고 나오는 것이 아닌가 싶었다.

강 건너 혜산의 둑길 위에 승합용인 SUV 차량 5~6대가 서 있는 것이 보였다. 그리 낡아 보이지 않았다. 자전거 타는 사람들도 다른 데보다 훨씬 많았고, 걸어다니는 사람들도 다른 강변 마을에 비해서는 활기차 보였다. 우리가 강가에 도착한 시각이 오후 4~5시여서 그런지 강가에는 물놀이하는 아이들과 미역 감는 남자들, 그 사이에서 바위 한두 개를 차단막 삼아 여자들끼리 미역을 감는 모습도 보였다. 그쪽에서는 남녀 구간이 구분되는지 몰라도 창바이 쪽에서 건너다볼 때는 구분이 안돼서 사실상 혼탕이라고 할 수도 있는 구조였다. 한여름 4~5시면 대낮인 셈인데 그런 모습을 보니 우리가 오히려 민망했다.

그런데 강에서 물놀이하는 아이들이 수영복을 입고 빨간색이나 노란색의 비닐 튜브를 가지고 놀고 있었다. 제법 많은 수의 아이들이 튜브를 가지고 있었다. 도청 소재지라서 높은(?) 사람들의 자녀도 있을 것이고, 중국과 가까워서 그런 물건을 쉽게 구할 수 있는 것 같았다. 신이 난 아이들이 재잘거리는 소리가 강 건너까지 들려왔다. 어디를 가나 아이들의 웃음소리는 듣기 좋다. 까맣게 그을린 피부에 소리까지 여느 아이들과 다를 바 없었다. 둑길을 산책하는 여성들의 패션도 이전과는 달랐다. 신의주에서 보았던 것처럼 북한 여성들의 옷 색깔이 한층 밝아진 것이다. 원색은 물론 파스텔 톤의 옅은 연두색 블라우스를 입은 여성도 눈에 띄었다. 분명 예전에 비해 여유가 생긴 것 같았다. '고난의 행군' 시절인 1990년대 후반보다 물심양면으로 나아졌음을 눈으로 확인할 수 있었다.

1998년 답사 때는 혜산에도 강가에 넋 놓고 앉아 있는 사람들이 많았다. 그리고 강변의 돌 축대에 널어놓은 울긋불긋한옷을 기워놓아서 빨래들이 마치 패치워크patchwork해놓은 조각보 같았었다. 그런데 오늘은 그런 패치워크를 전혀 찾아볼 수 없었다. 간혹 빨래하는 아낙네들도 보이기는 했으나 돌 축대에 빨래를 널어놓은 광경을 이번에는 보지 못했다. 그리고 미역을 감으면서 강 건너 우리를 보고 웃는 여자들도 있었다. 그 미소가 예전처럼 그리 짠해 보이는 미소는 아니었다. 아마도 미역 감는 자신의 모습이 부끄럽고 쑥스러웠던 모양이다. 내게는 그 미소가 예뻤다.

혜산시 뒤쪽 산 중턱에도 여지없이 '경애하는 김정은 장군님 고맙습니다', '위대한 김정은 동지를 수반으로 하는 당중앙위원회를 목숨으로 사수하자'는 구호 입간판들이 서 있었다. 그리고 '위대한 령도자 김정일 동지의 말씀을 무조건 철저히 관철하자'는, 김정일의 유훈 관철을 독려하는 구호 입간판도 큼지막하게 세워져 있었다.

＃ 강 건너로 보이는 혜산의 강변 마을 모습.

\#   혜산에서 물놀이하는 아이들의 모습.

그런데 김정숙군에서 보았던 것과는 달리, 구호 입간판의 페인트칠이 제대로 되어 있지 않았다. 이걸 어떻게 이해해야 할까? 예전 같은 북한 상황에서는 도저히 일어날 수 없는 일이다. 특히 혜산시의 구호는 김정일의 '일'자를 '은'자로 고친 흔적이 역력하였다. 김정일이 사망한 지 반 년이 넘은 시점에도 페인트칠이 제대로 되지 않고 있다는 것은 무엇을 의미하는 것일까? 모두들 의아해 하였다. 혹시 김정은은 인민들을 예전처럼 닦달하지 않는 것인지, 북한을 연구하는 우리조차 쉽게 이해되지 않는 일이었다. 북한에 변화가 있는 것인가? 여하간 예전과는 뭔가

달랐지만, 이는 앞으로 좀 더 검증할 필요가 있는 사안이라고 생각했다.

그런데 혜산을 바라보면서 강을 따라 걷는 동안, 국경 지대이기 때문에 생길 수 있는 장면을 목격했다. 강에서 미역 감는 사람처럼 검은색 팬티만 입은 남자가 물속에는 들어가지도 않고 중국 쪽 강기슭을 오르락내리락 하고 있었다. 강 건너 혜산 쪽 누군가를 기다리는 것 같기도 하고, 이미 신호는 오고갔는데 접촉 타이밍을 못 잡아 안달하는 것 같기도 했다. 일행 중 한 분이 "저게 바로 밀수꾼인데, 상대방을 기다리는 중인 것 같다"고 설명을 했다. 허커우의 조선족 식당 앞에서 만났던 오토바이 조선족 남자가 생각났다. 조선시대 때 공무역은 호시互市라 하고 밀무역을 후시後市라고 했다는 설명을 한 바 있지만, 혜산에서 '소규모 후시' 또는 '모바일 후시'의 현장을 목격할 뻔했는데, 우리가 그곳을 떠날 때까지 북한 쪽 상대 밀수꾼과 거래 현장을 못 본 것이 좀 아쉬웠다.

강을 따라 혜산시를 바라보는 것이 이번이 마지막이 될지도 모른다는 생각에 보고 또 봐도 그 광경이 지루하지 않았다. 북한 주민들은 더위를 피해 강가에 나와 물놀이를 하는 것이 일상인 듯했지만, 중국 쪽에서는 별로 강변에 나와 있는 사람들이 많지 않았다. 단지 망루 비슷한 곳 주변으로 저녁에 시원한 바람을 쏘이러 나온 몇몇 중국인들이 있을 뿐이었다. 우리 눈에는 마냥 신기한 모습들이 그들에게는 일상인 것 같았다.

접경 지역 탈북 여성의 아이들

2005년 2월 미 국무부 발표에 따르면, 탈북자의 규모는 1998년부터 1999년까지 절정에 달했으며 2000년에는 약 7만 5,000~12만 5,000여 명으로 추산된다고 밝혔다. 또 2005년 6~7월 평화통일 NGO인 '좋은벗들'은 동북 3성 농촌 지역의 현장조사 결과를 발표했는데, 국경에서 500킬로미터 반경에 있는 탈북자 수가 5만여 명이라고 했다. 그리고 2006년 1월 국경 주변 135개 마을을 표본 조사한 결과, 이들 마을에서 북한 여성과 중국 남성 사이에서 출생한 아이가 267명이라고 했다. 이를 토대로 식량난이 심했던 1999년, 같은 마을에 거주했던 북한 여성의 수를 감안해 아동 출생률을 22퍼센트로 계산한다면, 당시 22만 5,000여 명의 탈북 여성이 출산한 아동의 규모는 약 4만 9,500명으로 추정된다.

2008년에는 중국 내 탈북자 수가 크게 감소하여 2~4만 명 정도로 추산됐는데, 존스홉킨스대학교 보건대학원 코틀랜드 로빈슨 교수는 2009년 중국 동북 3성 지역에 체류하고 있는 탈북자와 탈북 여성, 탈북 여성이 출산한 아동의 규모를 각각 5,688명, 4,737명, 6,913명 선으로 추정했다통일연구원, 2012.

이제는 탈북 여성뿐 아니라 중국인과 탈북 여성들 사이에서 출생한 아동들의 인권이 새로운 문제로 등장하고 있다.

접경 지역의 탈북 감시 강화

2000년대 이후 중국 내 체류 탈북자 수가 급감했는데, 국경 경비의 단속 강화와 지속적인 강제 송환, 탈북 비용 증가가 그 이유다. 그리고 국경 통행증 발급 확대에 따라 합법적인 중국 방문도 확대되고, 2008년 베이징 올림픽을 계기로 중국과 북한 당국에 의한 국경 통제 강화도 탈북자 수를 감소시켰다.

1998년부터 인신매매에 대한 처벌도 더욱 엄격해졌다. 특히 인신매매에 대한 공개처형이 이루어진 지역은 주로 북한 주민의 국경 이동이 빈번하게 이루어지는 무산, 회령, 청진, 온성 등이다. 북한 당국도 인신매매로 인해 야기되는 '인권 침해' 상황에 대한 국제 사회의 우려에 나름대로 대처하고 있다. 2011년에도 탈북자 단속 강화는 계속되었는데, 김정은 후계체제 안정화 차원에서 국경 경비대의 탈북자 단속이 대폭 강화되었고, 처벌 수위도 높아졌다고 한다. 양강도 혜산시의 국경 초소에는 인민무력부 산하 특수부대인 '폭풍군단'이 배치되었으며, 2011년 10월 25일에는 혜산 부근에서 압록강을 건너 중국 쪽 도로에 올라섰던 한 탈북자가 북한 경비병들이 쏜 총에 맞아 숨지는 일도 있었다. 또 12월 31일에도 40대 북한 남성 세 명이 역시 혜산에서 압록강을 건너다 북한 경비병들에게 사살되었다는 내용이 전해지고 있다.

아울러 북한 당국은 국경 지역에서 휴대전화를 사용하는 주민을 적발하고 이에 대한 처벌을 강화했으며, 해상 탈북을 막기 위해 해안 경비도 대폭 강화했다고 한다. 또한 탈북이 빈번하게 발생하는 함경북도 온성군에서는

국경 수비대들이 탈북자로부터 돈을 받더라도 사후에 이를 신고하면 처벌하지 않는다고 한다. 탈북을 도와주는 군인 등 중개인들이 금품을 받고 사후 밀고하는 경우가 발생함에 따라 사전에 국경 경비 상황 등을 숙지한 후 단독으로 탈북하는 경우도 있다고 한다. 이렇게 탈북 과정에서 단속될 위험이 커지자, 단순히 중국에 가서 돈을 벌 목적으로 탈북하는 경우는 크게 줄어들었다고 한다.

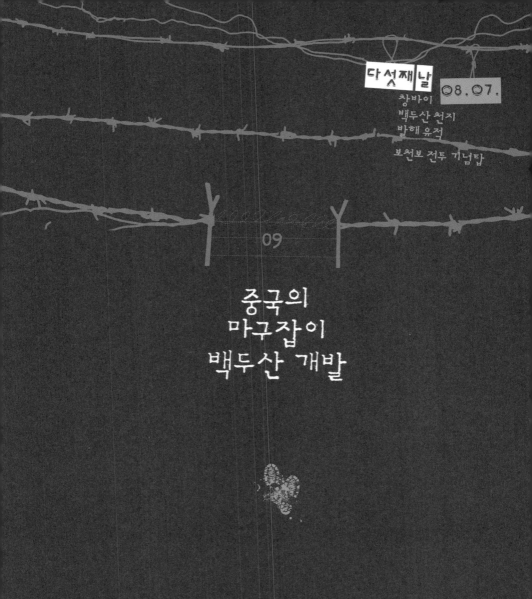

09

중국의
마구잡이
백두산 개발

창바이의 새벽시장. 조선족들이 많이 사는 도시답게 한국적인 먹거리도 많이 볼 수 있었다.

1,376.5km

다섯째 날 창바이 → 백두산 천지 → 발해 유적 → 보천보 전투 기념탑

창바이의

오늘은 백두산에 오른다. 지난 1998년도에 이어 이번이 두 번째 방문이라 백두산 주변이 그동안 얼마나 달라졌을지 궁금했다. 당시에는 장백폭포를 보고 천지까지 걸어 올라갔는데, 지금 생각하니 그때는 북파 코스였던 것으로 기억한다. 그때도 맑은 하늘 아래에서 천지를 보았었다.

백두산에 오르는 코스는 동파, 서파, 남파, 북파 등 네 개가 있는데, 북한의 삼지연에서 천지로 오르는 동파를 제외하고는 모두 중국 쪽에 있다. 서파는 중국 바이산 시의 쑹장허松江河에서 오르는 길이며, 북파는 안투 현 얼다오바이허二道白河에서, 남파는 창바이에서 오르는 코스이다. 우리는 오늘 남파 코스로 백두산에 오를 예정이다. 그리고 내일은 북파 쪽으로 한 번 더 백두산에 오를 것이다.

천지를 제대로 볼 수 있는 확률은 20~30퍼센트라고 한다. 천지 주변의 기상 변화가 오후에 특히 심하기 때문에 우리는 잠을 줄여서라도 이른 새벽에 떠나기로 했다. 오전 일찍 천지에 당도해야 하니까.

호텔에서 아침식사를 하고 떠날 여유가 없었다. 그래서 우리는 호텔 가까이에 있는 창바이 새벽시장에서 아침거리를 준비하기로 했다. 새벽 5시에 일어나 5분 정도 떨어진 시장으로 향했다. 이른 새벽인데도 벌써 많은 사람들이 물건을 사고팔면서 시장은 활기를 띠고 있었다. 창바이는 일찍이 이주해온 조선인이 개발한 도시로, 1988년 현으로 승격한 유일한 조선족자치현이다. 전체 인구 8만 4,000명2008년 기준 중 조선족이 16.4퍼센트를 차지하는데, 최근 외지로 나가는 조선족이 많아져 점점 그 수가 줄어들고 있다고 한다.

　조선족들이 많이 사는 도시여서 그런지 창바이 새벽시장에는 중국 적인 먹거리와 함께 한국적인 먹거리도 많이 볼 수 있었다. 한국에서 볼 수 있는 채소와 과일, 떡 등이 눈에 띄었다. 가지나 오이, 토마토, 옥수수 는 한국 것과 비슷하게 생겼는데 크기는 조금 커 보였다. 다만 수박은 노지 수박인지 크기가 작았다. 절임 반찬과 김치 등도 보이고, 밀떡과 찐 빵 같은 것도 보였다. 짧은 시간이었지만 타지에서의 장 구경은 신나고 재미있었다. 새벽시장에서 푸짐하게 아침거리를 장만한 우리는 6시에 호텔을 출발했다. 창바이 시도 해발 754미터의 고지대인데, 백두산은 해 발 2,744미터라고 한다. 우리는 약 2,000미터를 더 높이 올라가야 했다.

맑게 갠 하늘 아래,　　　　　하늘보다 더
파란 천지

백두산白頭山이란 지명은 하얀 화산재로 덮인 산 정상의 모습에서 유래 했다고 한다. 알프스의 몽블랑Mont Blanc처럼 흰 눈이 쌓여 있어서 백두 산이란 이름이 붙은 줄 알았는데, '눈'이 아닌 '화산재'라는 사실을 이번 에 비로소 알게 됐다. 환태평양 화산대에 속하는 백두산은 신생대 이후 수차례의 화산 활동을 통해 형성되었는데, 1597년과 1668년, 1702년, 1900년 네 차례에 걸쳐 백두산이 폭발했다는 기록이 있다. 최고봉은 북 한 쪽에 있는 2,744미터의 백두봉장군봉이고, 중국 측의 최고봉은 2,691

미터의 백운봉이다.

　한국의 모든 산들은 백두산에서 지리산에 이르는 백두대간으로부터 뻗어 나왔다. 그래서 백두산은 예로부터 우리 민족의 성산聖山으로 숭배되어왔다. 그러니 백두산은 우리 민족의 정신적 고향이며 뿌리라고 할 수 있다. 또한 백두산은 고조선 단군신화의 근거지이기도 하다. 고구려의 산악 숭배 신앙이 통일신라로 이어지고, 이후 고려와 조선시대를

＃　국경임을 알리는 철조망. 철조망 아래로 실개천 같은 압록강 상류가 흐르고 있다.

거치면서 우리 민족의 성산·영산으로 여겨져온 산이 백두산이다. 그만큼 상징성이 큰 우리 민족의 산인 것이다.

　우리가 도착한 시각에 남파 쪽 백두산 입구에는 우리 외에 다른 관광객이 없었다. 백두산의 위용만큼이나 커다란 산문 입구에는 백두산의 중국 이름인 창바이 산長白山이라고 쓴 현판이 높다랗게 걸려 있었다. 입구 쪽 기념품을 파는 건물도 얼마나 높게 지어졌던지, 사람 키의 4~5배는 되는 듯했다. 그 건물을 바라보고 오른쪽으로 압록강 상류가 흐르고 있었는데, 상류라서 그런지 강이라기보다는 실개천에 가까울 정도였다. 그 실개천 가에는 국경임을 알리는 듯한 철조망이 세워져 있었으나, 북한 쪽에는 그나마 철조망도 없었다.

　개별 차량 운행이 금지되어 있어서 입구에서 천지 쪽 정상을 오가

는 버스를 타야 했다. 버스 요금은 작년보다 30위안이 올랐다고 한다. 입장료와 버스 요금을 합쳐 1인당 83위안한국 돈 15,000원 정도이 들었다. 중국 쪽으로 백두산을 찾는 관광객 수가 2008년 88만 명에서 2011년 142만 명으로 급증했다고 하며, 이중 중국 관광객이 90퍼센트라고 한다. 그러니 백두산 관광으로 돈을 버는 것은 북한이 아니라 중국이었다.

　　남파 산문의 매표소가 열리자마자 표를 산 우리는 가장 먼저 미니버스를 타고 남파 길을 따라 정상으로 향했다. 우리가 가장 먼저 버스를 탈 수 있었던 것은 다른 관광객들이 도착하기 전이었기 때문이라는 사실을, 천지가 내려다보이는 남파 쪽 정상에 오른 후에야 알게 되었다.

　　산문에서 천지 근처까지 가는 데 약 20~30분 정도 걸렸다. 올라가는 길이 가파르고 커브도 심해서 이 길에 익숙한 사람이 아니면 운전하는 것조차 매우 위험해 보였다. 차 안에서 손잡이를 잡지 않으면 옆으로 심하게 기울기도 하고, 의자에서 미끄러져 떨어질 정도였다. 그래도 우리는 창밖의 절경을 구경하느라 정신이 없었다. 참으로 다양한 모습을 갖고 있는 백두산이었다. 끝이 없이 너른 자작나무 군락이 펼쳐지는가 하면, 깎아지른 듯한 절벽, 그리고 영화 〈사운드 오브 뮤직〉에서 보았던 에델바이스 같은 고산 야생화가 만개한 들판도 보였다. 하늘과 백두산의 끝이 맞닿아 있어 백두산 끝이 어디인지 가늠할 수 없었다. 그러더니 홀연히 눈처럼 하얀 화산재로 덮인 산 정상들이 눈에 들어왔다. 백두산의 '백두'가 드디어 내 눈앞에 펼쳐지기 시작했다.

　　백두산에 올라갔다가 날씨가 나빠서 천지를 제대로 보지 못하게 되면, 우스갯소리로 일행 중 행실이 좋지 않은 사람이 하나 끼어 있어서 그렇다는 얘기를 했다. 우리 일행 중에는 행실이 바르지 않은 사람이 하

백두산의 모습. 눈처럼 하얀 화산재로 덮인 산 정상이 눈에 들어오기 시작했다.

나도 없었던지 해맑고 높은 하늘을 볼 수 있었다. 최소한 천지가 구름에 가리거나 한두 시간 내에 비가 내릴 확률은 전혀 없어 보였다. 우리는 버스에서 내려 걷기 시작했다. 이제 조금만 올라가면 천지를 보게 되는 것이다.

천지 쪽으로 걸어 올라가는 길에는 작은 화산석들이 널려 있었다. 경치에 도취되어 멀리 보거나 사진 찍느라 발밑을 보지 않고 걷다가는 화산석 돌멩이에 미끄러지기 십상이었다. 실제로 나도 사진 찍으려고 구도 잡으면서 걷다가 화산석 돌멩이를 밟고 엉덩방아를 찧었다. 그때 든 멍이 제법 오래 갔다. 백두산에서 넘어진 것도 기념이라고 생각했다.

나무가 없는 평평한 산 정상의 꼬불꼬불한 길을 따라 올라가니 하늘보다 더 파란 천지가 신비스런 기운을 내뿜고 있었다! 이른 시간이라 우리 외에는 다른 관광객들이 없어서, 우리는 멋진 사진도 마음대로 찍을 수 있었다. 천지의 기운을 받아가기 위해 양팔을 높이 들고 심호흡을 하기도 했다. 우리가 천지를 보고 느끼는 감동은 중국인들과는 분명히 다를 것이다. 천지를 바라보면서 나는 감동을 넘어 외경심마저 일었다.

천지는 화산 활동으로 인해 정상 부분이 함몰되어 생성된 칼데라 caldera 호로서, 남북의 길이는 4.85킬로미터, 동서 너비 3.35킬로미터, 둘레 13.11킬로미터인 거대한 호수다. 수심이 가장 깊은 곳은 384미터인데 평균 수심이 204미터에 이른다고 한다. 천지 주변은 400~500미터 높이의 절벽을 이루고 있어서, 천지 수면에 닿으려면 북한의 장군봉백두봉이나 중국 쪽의 달문闥門, 천지의 북쪽 한 곳이 터져서 물이 흘러나가는 곳을 통해서만 접근이 가능하다.

천지가 잘 내려다보이는 지점에 북-중 국경을 알리는 경계비가 서 있었고, 돌기둥과 쇠사슬로 경계 표시가 되어 있었다. 경계비가 서 있는 곳은 관면봉 2,528미터과 와호봉 2,566미터 사이 중간 지점인데, 경계비 앞면에는 '中國'이라 씌어 있고 뒷면에는 '조선'이라고 씌어 있었다. 어린아이도 쉽게 넘을 수 있는 높이의 쇠사슬이 달랑 한 줄 쳐져 있었는데, 그 너머가 북한 땅이었다. 사진 찍으려고 무심코 쇠사슬을 넘어 발을 디디면 '월북'이 되는 셈이다. 그러니까 남파는 아주 민감한 북-중 접경 지역을 따라 백두산에 오르는 코스였다.

천지를 바라보는 위치에서 오른쪽으로, 백두산에서 가장 높은 봉우리, 즉 한반도에서 가장 높은 산봉우리인 장군봉 2,744미터이 보였다. 원래 이름은 백두봉이고 그 때문에 백두산이라고 불리게 되었는데, 요즘 북한 지도에는 그 봉우리를 장군봉으로 표시하고 있다. 1960년대 초 북-중 국경 획정 과정에서 백두산의 최고봉인 백두봉이 북한 것으로 확정

백두산의 북-중 경계비. 앞면에는 '中國', 뒷면에는 '조선'이라고 씌어 있었다.

된 것이 김일성 장군 덕분이라는 것을 기념하기 위하여 이후 장군봉으로 부르게 되었다고 한다.

우아하게 천지와 백두봉을 바라보면서 감동과 외경심마저 느끼고 있는데, 갑자기 주변이 소란해지기 시작했다. 중국인 관광객들이 몰려오기 시작한 것이었다. 조용히 천지를 감상하는 한국인들 틈에 시끌벅적한 중국인 관광객들이 분주하게 사진을 찍기 시작했다. 내려갈 시간이 된 듯하여 중국인 관광객들에게 자리를 내주었다. 그런데 우리가 자리를 뜨려는 순간 구름이 몰려오면서 하늘이 어두워지기 시작했다. 백두산 정상의 기상 변화가 변화무쌍하다더니 시간에 따라 기상이 변하는 것을 직접 목격했다.

중국은 2007년 1월 말 창춘에서 개최된 동계 아시아경기 때 창바이산, 즉 백두산에서 올림픽 성화를 채화함으로써 백두산이 중국의 산임을 전 세계에 알렸다. 중국은 창바이 산을 중국 10대 명산 중 하나로 지정하고, 창바이 산이 청나라 만주족의 영산임을 강조하고 있다. 그리고 중국은 창바이 산을 유네스코 세계자연유산으로 단독 신청하려는 움직임을 보이고 있다. 백두산을 창바이 산으로 완전히 탈바꿈시키려는 것이다.

11　　　2012년 11월 30일, 중국의 완다萬達그룹을 비롯한 민간 기업 컨소시엄이 건설한 '창바이 산 국제 리조트 스키장'이 정식 개장했다. 전체 면적은 6.34제곱킬로미터이다. 백두산이 로키산맥이나 알프스산맥 등 '스키 황금벨트'와 비슷한 위도에 위치하고 있어, 이 스키장은 연간 강설량이 1.5~2미터에 달하는 천혜의 조건을 갖추고 있다고 한다. 스키장은 백두산 천지에서 차량으로 40분 거리에 있는 리조트 내에 건설됐으며, 주변에 5성급 호텔 3개와 4성급 호텔 1개, 온천과 영화관 등의 시설을 갖추고 있다. 중국 당국은 스키장으로의 원활한 이동을 위해 공항과 연결되는 관광순환도로를 개설하는 등 인프라 확충에 주력하고 있다.

♯ 백두산 근처의 북한 마을.

또한 중국의 민간 기업 컨소시엄은 아시아 최대 스키장[11]을 포함한 대형 리조트를 창바이 산에 건설해서 동북아 최대 관광지로 개발하려는 계획을 추진 중이라고 한다. 역사, 정치, 경제에서 문화까지 소수민족을 융합해서 하나의 중국으로 만들려는 중국의 야심찬 계획이 백두산의 무분별한 개발과 관광객 유치로 이어지고 있는 것이다. 우리 민족의 성산이자 천혜의 자연 경관이 심하게 훼손될까 심히 염려스러웠다.

다시 버스를 타고 산문 입구까지 내려왔다. 주차장에는 아침에 우리가 도착했을 때는 보이지 않던 관광버스들이 그새 많이 주차되어 있었다. 주차장 옆에는 교량인지 도로 건설 중인지는 알 수 없었으나 공사가 한창 중이었다. 백두산 관광 개발을 위한 인프라 건설의 일환일 것이다.

창바이로 돌아올 때는 아침에 오던 길이 아닌 다른 길로 왔다. 돌아오는 길옆 왼쪽으로 압록강 상류가 흐르고 있었다. 산문 입구 쪽에서 실개천이던 물줄기가 제법 넓어졌다. 압록강이 국경선임을 실감케 하는 북한군 초소와 망루들도 자주 눈에 띄었다. 그리고 뙈기밭으로 보이는 곳에 움막을 지어놓고 무언가를 감시하는 것 같았다. 아무래도 탈북을 감시하는 것 아닐까.

움막 같은 집들과 군부대 건물이 있고, 압록강 상류 물가에서 미역 감는 아이들과 빨래하는 아낙네들도 보였다. 군인들과 아이들, 아낙네들이 보이는 것으로 보아 최전방 국경 지역에 근무하는 군인들은 가족 단위로 배치를 받는 것이 아닌가 싶었다.

발해 유적과

동북
공정

백두산에서 내려와 다시 창바이로 들어서면서 우리는 곧바로 발해 유적인 영광탑靈光塔이 있는 산중턱으로 갔다. 주택들이 옹기종기 몰려 있는 곳에 차 한 대가 간신히 지날 수 있는 구불구불한 길을 따라 올라가니 영광탑이 있었다. 진입로는 신통치 않았지만 탑 주변은 관광지로 개발하려는 듯 잔디밭과 주차장을 조성하고 있었다. 탑 주변 잔디밭과 주차장이 관광지 개발을 위한 것이라면 응당 영광탑 자체부터 관리를 하는 것이 순서일 텐데, 영광탑의 탑신은 약 15도 정도 기울어져 있었다. 마치 피사의 사탑斜塔처럼.

발해의 유적 영광탑.

영광탑은 당나라 발해시기(698년 ~ 926년)에
...왔으며 해발 869m의 산봉우리에 자리잡고 있다.
...면정방형의 루각모양으로 이루어진 벽돌탑이다. 높이는
...3m이며 도합 5층으로 되었다. 탑의 몸체는 반반하
...면서도 소박해 보인다. 맨 아래층 치마밑 네 면의 복
...에는 네모난 창살창문이 있다. 영광탑의 모양과 구조
...는 서안 흥교사에 있는 당나라때의 현장탑과 비슷하며
당나라의 풍격을 갖고있다. 이 탑은 발해시기의 문화와
...축물을 연구하는데 있어서 중요한 력사적가치를 갖고
...다.

＃　영광탑을 소개하는 비문.

중국의 중학교 교과서에는 발해가 말갈족이 세운 당나라의 지방정권이라고 씌어 있다고 한다. 아니나 다를까, 영광탑을 소개하는 비문에는 "이 탑은 당나라의 탑과 같으며 당나라의 풍격을 지니고 있다. 이 탑은 발해 시기의 문화를 연구하는 데 있어 역사적 가치를 가지고 있다"고 씌어 있었다.

그러나 이러한 주장은 근거가 박약하다고 할 수 있다. 우선 높이 13미터 5층짜리 영광탑은 중국식인 전탑博塔이 아니라 모전석탑模博石塔, 돌을 벽돌 모양으로 잘게 잘라서 쌓아올린 석탑이기 때문이다. 경주의 분황사 5층 모전석탑현재는 3층만 남아 있다과 같은 방식으로 쌓아올린 탑이었다. 진흙으로 벽돌을 구워 쌓아올린 중국 특유의 전탑과 외형은 비슷하지만 재료가 완전히 다르다는 점에서, 이 탑이 당나라의 탑과 같다느니 당나라의 풍격을 지니고 있다느니 하는 비문의 설명은 옳다고 할 수 없었다.

나 같은 역사학과 고고학의 문외한이 볼 때도 영광탑이 발해 시대의 문화를 연구하는 데 역사적 가치를 가지고 있다는 비문 내용은 맞는 얘기 같다. 그러나 중요한 것은 발해 문화의 뿌리가 어느 나라 쪽으로 연결되었느냐이다. 물론 지리적으로 가깝기 때문에 당나라 문물이 당연히 발해에도 많이 들어왔을 것이다. 그러나 경주 분황사의 5층 모전석탑과 창바이 5층 모전석탑인 영광탑의 공통점을 보면서, 발해 시대의 건축 양식과 관련된 대외 문화 교류의 방향은 당나라보다는 오히려 신라 쪽이지 않을까 싶다. 당나라 수도 장안長安보다는 신라 수도 경주가 지리적으로 훨씬 가깝기도 하고.

　요컨대 영광탑의 재료 자체가 중국식 탑과는 확연하게 다른데도 외형만 가지고 발해 역사와 문화재를 중국의 일부로 규정하는 것은 무리라는 생각이 들었다. 이는 중국을 통해 불교를 전수받은 동아시아 지역의 탑들도 모두 중국 것이라는 말과 같은 것이다.

　중국은 2002년 시작한 동북공정이 2007년 끝났다고 말하고 있다. 그러나 광개토대왕릉비와 영광탑을 보니 동북공정은 동북 3성을 통해 아직도 진행 중이라는 생각을 지울 수 없었다. 2004년 고구려 유적에 이어 발해 유적도 세계유산으로 등재하려는 움직임이 있고, 발해를 중국 속국의 역사로 편입시키려 하고 있기 때문이다. 그러나 1963년 저우언라이 총리가 북한 학자들과 만난 자리에서 '발해는 조선족의 한 가지이고, 독립된 국가였다'고 말한 것은 움직일 수 없는 역사적 사실史實이다. 일국의 총리가 근거 없는 말을, 그것도 북한 학자들 앞에서 할 리가 없지 않겠는가. 시대와 필요에 따라 정책의 변화는 있을 수 있어도 역사적 사실은 왜곡될 수 없다고 생각한다.

김일성 우상화의 효시,

보천보 전투
기념탑

발해 유적 영광탑이 있는 곳은 혜산시를 한눈에 내려다보기에 좋은 곳이었다. 영광탑이 서 있는 산에서 내려다본 혜산시는 지금까지 접경 지역에서 봐왔던 도시 중 단연 큰 도시였다. 도시가 압록강을 따라 형성되어 있어 길쭉하면서도 부메랑처럼 중간이 살짝 구부러진 모양으로 형성되어 있었다.

영광탑이 있는 산에서 건너다볼 때 눈에 띄는 언덕이 하나 있었다. 그 언덕 위에 보천보 전투를 기념하는 것으로 보이는 조형물이 높다랗게 솟아 있었다. 1937년 6월 4일 김일성 부대의 항일 보천보 전투 승리를 기념하기 위해 1967년 6월 혜산에 세운 보천보 전투 기념탑인 것 같았다. 북한은 일제강점기 때 만주 창바이에 근거를 둔 김일성의 부대가 함경남도 보천보에 있던 일제의 관공서를 습격한 사건을 보천보 전투라고 부르고 있다.

북한 정치사에서 1967년 6월은 북한 당국이 '당의 유일사상 체계'가 확립되었다고 발표한 시점이다. 즉 그때부터 김일성 우상화 작업이 본격화되었다고 할 수 있는데, 북한 당국은 김일성 우상화의 근거를 항일혁명투쟁에서 찾았다. 보천보 전투는 김일성 우상화 과정에서 내세울 수 있는 최초의 성공한 항일혁명투쟁이었던 것이다.

북한 당국은 김일성 우상화를 위해 1969년부터 각급 기관에 '항일혁명역사연구실'이라는 것을 만들도록 했다. 그러나 정치사상 교육이나 정치 세뇌에는 연구나 교육보다 정서적 접근이 더 효과적이고 직접적이

1   영광탑에서 내려다본 창바이 시와 혜산시.
2   멀리 솟아 있는 보천보 전투 기념탑.

라고 할 수 있다. 그런 점에서 1967년 6월 혜산에 보천보 전투 기념탑을 세운 것은 북한 정치사에서 큰 의미가 있다고 할 수 있다. 평양 시내 만수대 언덕의 김일성 동상도 1972년에 세워졌다는 점에서, 보천보 전투 기념탑은 김일성 우상화 작업의 효시인 셈이다.

북한 당국의 설명에 따르면, 1937년 6월 4일 밤 10시, 창바이에 근거를 둔 '동북항일연군 제1로군路軍 제2군 제6사師 백두산지구 유격구' 소속 90명의 부대원들이 제6사장師長이던 김일성의 지휘 아래 압록강을 건너, 혜산진에서 20킬로미터 떨어진 보천보에 침투하여 경찰 주재소, 면사무소, 우체국 등 일제의 관공서를 습격했다. 현지인 60여 명이 합세하여 총 150명이 동원된 이 '전투'에서 일본 경찰 일곱 명이 죽고 여러 명의 중상자가 발생했다고 한다.

이 '전투'를 위해 주력부대는 창바이에서 혜산으로 강을 건너 보천보로 직행했고, 나머지 병력은 일제의 병력을 분산시키기 위해 무산 주재소를 습격하는 식으로 작전을 벌였다고 한다. 무산 쪽으로 우회한 병력의 지휘관은 최현崔賢이었다고 한다. 최현은 김정일 사후 김정은 체제에서 노동당 정치국 상무위원 겸 조선인민군 총정치국장인 최룡해崔龍海의 아버지다.

보천보 전투와 관련해 북한 당국의 설명과는 다른 설명도 있다.《한국민족문화대백과》에 따르면, 당시 인구 1,300명에 불과한 보천보 주재소에는 경찰이 다섯 명밖에 없었고, 일본인 요리사와 유탄에 맞은 갓난아기가 사망했을 뿐 그 피해가 북한이 말하는 것처럼 그렇게 크지는 않았다는 설도 있다. 대대적인 전투라기보다는 일종의 '보급 투쟁'이었다는 해석도 있다.

그럼에도 당시 〈동아일보〉와 〈경성일보〉는 이 사건을 호외로 대서특필하였다. 일제 탄압이 극심했던 시기에 일어난 이 사건을 언론매체가 대서특필함으로써 조선인의 사기를 크게 진작시키고, 김일성이라는 이름이 세상에 널리 알려지게 되었다. 당시 보천보 습격 사건 호외를 두 번이나 발행했던 〈동아일보〉 기사의 동판이 오늘날 금박까지 씌워져 묘향산에 있는 '국제친선전람관'에 자랑스럽게 진열되어 있다고 한다.

보천보 전투 이후 일제 당국은 상당히 당황했다고 한다. 만주에 근거지를 둔 항일 빨치산이 최초로 국내 진공 작전을 펼친 데다, 그 결과가 언론에 크게 보도됨으로써 일제의 체면이 구겨졌기 때문이다. 김일성은 이 작전의 성공 후 커다란 자신감을 갖게 되었다고 한다. 보천보 전투는 사실 작은 사건임에도 불구하고 일제 치하 총독부가 있는 경성서울에서도 크게 다루었다는 것은 당시 시대 상황과 관련이 있다고 해야 할 것이다. 그만큼 혜산은 김일성의 빨치산 활동에서 의미 있는 지역이다. 북한 입장에서 김일성 우상화와 항일혁명 전통 교육 차원에서 맨 먼저 기념탑을 세울 만한 곳이 혜산이었던 것이다.

보천보 전투 기념탑을 바라보면서 당시 상황을 상상해보니, 압록강의 강폭이 그리 넓지 않아 건너기가 어렵지는 않았을 것이다. 이쪽 둑에서 건너편 둑까지 강폭이 넓은 곳이라야 한 150미터 정도 되는 것 같았다. 보천보 전투 기념비가 서 있는 언덕 쪽은 강폭이 이보다 더 좁아 보였다. 물도 그리 깊지 않고 물살도 세 보이지 않았다.

밤의

해가 지고 난 뒤에야 호텔에 들어가 짐을 풀고 저녁식사를 마친 우리는 혜산을 떠나기 전 '밤의 혜산'은 어떤지 너무 궁금하여 다시 강가로 나왔다. 오늘 밤이 혜산에서의 마지막 밤이 된다고 생각하니 많이 아쉬웠다.

그동안 창바이를 여러 번 다녀간 분이 말하기를, 예전에는 도시 전체가 어둡고 침침했었는데 작년부터는 아파트나 일반 주택에 불이 들어와 있었다고 했다. 그러면 2012년의 '밤의 혜산'은 무엇이 변했을까?

이번에는 주택은 물론이거니와 길가의 가로등이 밝혀져 있는 것이 아닌가! 내가 처음 왔던 1998년의 혜산은 불빛이라고는 전혀 찾아볼 수 없는 칠흑이었다. 당시 북한이 심각한 경제난과 식량난을 겪고 있던 터라 정말 사람이 살지 않는, 살 수 없는 그런 밤의 모습을 하고 있던 혜산

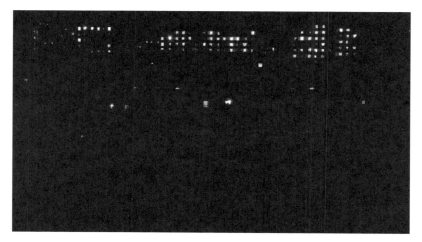

혜산의 야경.

에 지금은 불이 밝혀져 있다. 사람 사는 도시인 양 환하게 전깃불이 들어와 있는 것이다. 정말 북한의 경제 사정이 그런대로 조금씩 나아지고 있다는 것을 확연하게 보여주고 있었다.

서울에서 출발하기 전에 생각했던 것보다 북한의 형편이 더 나아 보인다는 사실에 놀라웠다. 지금까지 압록강변을 따라 오면서 오지인 중국 쪽 지역의 개발 상황과 발전 모습을 통해 어느 정도 지레짐작은 했었지만, 혜산이라는 도시를 보면서 북한도 덩달아 경제 사정이 나아지고 있는 것을 확인할 수 있었다.

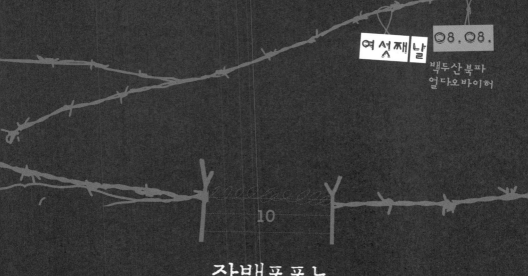

10

장백폭포는
'백색의 강'이 되고
'소나무 꽃의 강'이
되었다가...

\#   백두산 북파 코스의 산문 입구와 안내 지도.

1,376.5km

여섯째 날 백두산 북파 → 얼다오바이허

장백폭포

창바이에서 2박을 한 우리는 다음날 아침에도 일찍 출발해야 했다. 백두
산을 남파, 북파로 두 번 올라가기로 했는데, 북파 코스의 전진기지인 얼
다오바이허二道白河로 가기 위해서는 서둘러야 했기 때문이다. 창바이에
서 백두산 아래 첫 마을이라는 얼다오바이허까지는 자동차로 세 시간이
나 걸린다. 거기서 다시 북파 코스 산문까지 가야 하기 때문에, 백두산
을 밝은 낮에 한 번 더 보기 위해서는 시간을 지체할 수 없었다. 그런데
창바이에서 얼다오바이허까지 가는 길은 유일하게 강 건너 북한 지역을
바라보지 않고 중국 내륙으로만 이동하는 경로였다.

　　천지의 물은 장백폭포일명 비룡폭포를 타고 흘러 내려와 쑹화 강松花
江의 상류를 이룬다. 쑹화 강은 백두산에서 발원하여 만주 벌판을 흘러
내려와 중-러 국경을 이루는 헤이룽 강黑龍江과 합류한 뒤, 러시아의 니
콜라옙스크 항을 거쳐 오츠크 해로 흘러 들어간다. 쑹화 강은 한자로
는 '소나무 꽃의 강'이란 뜻이지만, 원래 '백색白色의 강'이라는 뜻을 가
진 만주어 '숭가리'를 한자로 차음借音한 것이라고 한다. 나는 우리 백의
민족의 성산인 백두산의 천지에서 발원해 장백폭포를 거쳐 흘러내리는
'백색의 강'이 압록강이나 두만강으로 흘러 들어가지 않고 중국의 강인
쑹화 강으로 흘러 들어간다는 게 못내 아쉬웠다.

　　백두산 천지를 중심으로 볼 때, 동북쪽에 얼다오二道와 바이허白河라
는 두 마을이 있었는데, 두 마을을 하나의 행정단위로 묶으면서 얼다오
바이허라는 새로운 지명이 생겼다고 한다. 중국 행정구역상 진鎭급이었

던 얼다오바이허가 백두산 관광 붐을 타고 최근 '창바이 산 보호관리구'라는 이름의 특별구가 되었다고 한다. 백두산 관광의 기점이라는 뜻이다. 얼다오바이허는 백두산 등반 코스 중 가장 붐비는 북파 코스의 전진기지다. 최근 서파 코스와 남파 코스가 생겼다고 하지만, 이전에는 한국 사람들을 포함한 대부분의 백두산 관광객들이 얼다오바이허-북파 코스로 백두산에 올라 천지를 내려다보거나, 장백폭포 옆길로 걸어 올라가 천지까지 접근했다고 한다.

내가 1998년 처음 접경 지역을 답사했을 때에도 북파 코스를 통해 장백폭포를 둘러보고 천지까지 갔던 것으로 기억한다. 사실 장백폭포를 보고 천지를 오르는 북파 코스가 이름난 볼거리들을 많이 제공하는 것 같기는 하다. 그래서 관광객이 많은지도 모르겠다. 그러나 어제 오른 남파 코스의 특별한 점은, 비록 차창을 통해 본 것이지만 넓게 펼쳐진 끝 닿은 데 없는 백두산의 다양한 모습을 볼 수 있다는 점이다. 왜 만주족이 백두산을 조상의 발상지라 신성시하는지, 어제 백두산의 스케일을 보니 그 이유를 알 것 같았다. 오늘 올라가는 북파 코스도 중국이 관광 사업을 위해 얼마나 개발해놓았을지 궁금했다.

북파 코스로 올라가면 장백폭포가 흘러내리는 것을 밑에서 올려다볼 수 있다. 장백폭포를 바라보고 왼쪽으로 천지를 내려다볼 수 있는 지점인 천문봉까지 승합차가 운행되고 있었다. 장백폭포 오른쪽으로는 계단을 걸어 올라가 천지까지 다가갈 수 있는 길이 있었다. 우리 일행은 가는 동안 미리 백두산 등반 코스를 선택했다. 차를 타고 천문봉으로 올라가 천지를 내려다보는 그룹과, 계단을 걸어서 천지까지 가는 그룹으로 나누었다. 이전에 차로 천문봉까지 올라가서 천지를 내려다본 적이 있는 분들은 대부분 힘은 좀 들더라도 걸어서 가보자고 나섰다. 수년 전 북-중 국경을 답사할 때 천문봉 쪽에서 천지를 내려다본 적이 있고 어제도 천지를 내려다본 적이 있기 때문에 나도 도보 코스를 택했다.

우리가 탄 버스가 드디어 백두산 북파 코스가 시작되는 산문에 도착했다. 입구부터 많은 관광객들로 발 디딜 틈이 없었다. 단풍이 가장 아름다운 시기에 설악산 입구에 모인 관광버스와 관광객들을 연상시켰다. 단지 우리네는 등산복 차림의 관광객이 많은 반면, 오늘 본 중국인 관광객들은 산행하기엔 그리 적당치 않은 아주 간편한 차림들이었다.

작년에 이곳을 다녀간 한 분은 백두산 입구가 1년 만에 너무 바뀌었다고 했다. 이전의 산문에서 좀 더 산 방향으로 들어간 장소에 새로운 산문 건물이 들어서 있었고, 3층 정도의 주차 빌딩까지 조성되어 있었다. 주차 빌딩에는 승용차가 이미 가득했다. 우리도 새벽에 일찍 서둘러 출발했건만 표를 사려고 기다리는 줄이 제법 길었다. 중국인이 가장 많았고, 서양인들도 꽤 눈에 띄었다. 1992년 8월 초에 이곳을 다녀간 분은 "그때는 한국 사람밖에 없었던 것 같고 입구도 초라했었는데, 상전벽해가 되었다"고 했다.

북파 코스도 남파 코스처럼 관리소에서 운행하는 버스를 타고 일단 장백폭포 아래까지 간 뒤, 거기서 다시 승합차를 타든지 걸어가든지 해야 했다. 관광객들이 남파 코스보다 훨씬 많기 때문에 대형 버스와 승합차들이 2~3분 간격으로 운행되고 있었다. 그럼에도 버스들은 만차가 되어 출발했고, 심지어 서서 갈 정도였다. 산문 입구, 버스 안, 등산길 모두가 장백폭포와 천지, 백두산을 보러 온 사람들로 인산인해였다.

장백폭포가 보이는 등산로 초입에서 우리 일행은 버스에서 내렸다.

1   북파에서 바라본 백두산.

2   장백폭포.

거기도 공사가 한창 중이었다. 기존의 온천장이나 숙박시설 대신 새로운 건물들을 짓고 있었다. 버스 종점은 한마디로 도떼기시장 같았다. 한국에서 온 관광객들도 여기저기서 보였다. 올라가는 길은 나무 계단으로 꾸며져 있어 걷기에는 좋았지만, 관광객들이 너무 많다 보니 서로 어깨를 부딪치며 오르내려야 할 정도였다. 평일인데도 관광객이 이렇게 많은 것이 신기했다. 백두산이 중국인에게 인기 있는 이유가 무엇인지 궁금했다.

그런데 우리 그룹에게 문제가 생겼다. 계단을 걸어 천지로 올라가는 길 초입에 도착하니 중국 공안이 서 있었고, 통행금지를 뜻하는 '禁止進入금지진입' 팻말이 있는 것이었다. 걸어서 천지까지 못 올라간다는 얘기를 듣고 나서 산 정상을 바라보니, 장백폭포 오른쪽의 천지로 올라가는 길이 붕괴되어 돌더미들이 흘러내린 흔적이 멀리서도 보였다. 2년 전 백두산에 큰비가 내리면서 그렇게 되었다는 설명을 공안에게 들었다.

한 번 더 천지를 보고자 했던, 나를 포함한 '천지파' 일행은 너무 아쉬워 다른 방법이 없을까 궁리를 했다. 일행 중 중국어를 할 줄 아는 분이 일단 공안에게 사정을 해보기로 하고 말을 붙였다. 그러고는 일행에게 전달하기를, "가능성이 아예 없지는 않은 것 같은데, 공안이 뒷돈을 적지 않게 요구한다"고 했다. 한 사람당 중국 돈 500위안씩 총 3,000위안을 주면 옆으로 돌아가는 길을 알려주고 눈감아주겠다는 것이다. 사람 사는 사회는 자본주의건 사회주의건 뒷돈 거래가 가능한가 보다. 일행 중 한 분이 "사회주의 사람들이 돈맛을 알기 시작하면 자본주의보다 뇌물이나 뒷돈을 더 챙기는 법"이라고 하면서, 일단 '팍' 깎아보자고 제안했다.

　　그분은 일행 중 가장 학자적인 풍모를 지닌 분인데, 요구한 액수의 3분의 1로 '팍' 깎아보자고 했다. 학자적인 풍모를 지닌 분의 파격적인 거래 제안에 우리 일동은 모두 "와!" 하고 한바탕 웃었다. 흥정은 결국 성사되지 않았다. 3,000위안을 1,000위안으로 깎으려니 중국 공안도 체면이 있지 성사될 리가 만무했다. 한 번 더 천지를 볼 수 있는 기회는 결국 우리에게 주어지지 않았다.

　　그런데 흥정이 실패한 뒤 다시 그쪽을 올려다보니 안 가길 잘했다는 생각마저 들었다. 시간적으로도 무리였고, 올라갈 때는 무너져내린 돌더미를 조심조심 딛고 올라간다 하더라도 내려올 때 발을 잘못 디디기라도 하면 대형 사고도 날 수 있을 것 같았다. 욕심이 앞서다 큰일 날 뻔했다. 사람들이 너무 많다 보니 관광객들 자신에 대한 안전은 관광객 스스로가 챙기는 수밖에 없을 것 같았다.

　　천지까지 가지 못했기 때문에 우리는 '천문봉파' 일행이 내려올 시간보다 일찍 버스 승차 지점까지 내려와 그분들이 돌아오기를 기다렸다. 천지를 가까이서 못 볼 줄 알았더라면 천문봉 쪽으로라도 올라가서 천지를 한 번 더 보는 게 나을 뻔했다는 후회의 목소리도 나왔다. 천지로 가는 계단이 2년 전에 폐쇄되었다고 하는데 그걸 사전에 확인도 안 해보고 무작정 올라가려고 했던 것을 후회했다.

　　'천문봉파' 일행이 도착하자 우리는 다시 사람으로 가득 찬 버스를 타고 입구로 내려왔다. 언제 다시 백두산에 올 수 있다는 보장이 없었기에 우리의 아쉬움과 낙담은 이루 말할 수 없었다. 천지를 못 보았으니 소천지보다 나은 연못 하나를 구경시켜주겠다고, 이번 답사를 주관하신 분이 우리를 위로했다.

백두산 아래

첫
마을

우리는 지금까지 타고 온 차량을 단둥으로 보내고 옌볜에서 온 차량으로 갈아탔다. 그리고 얼다오바이허로 내려와 예약된 호텔로 갔다. 백두산 관광 붐을 타고 덩달아 도시 지위가 올라가면서 발달한 곳이 얼다오바이허였다. 중국 정부는 2005년 지린 성 관리 아래 있던 백두산 일대를 중앙정부 관할의 '창바이 산 보호관리구'로 지정하고 관할 구역을 북부 얼다오바이허, 서부 쑹장허, 남부 창바이로 나누었다. 그래서인지 여기저기서 개발이 한창이었다. 우리의 신도시 개발을 생각나게 했다. 도로와 건물들에선 아직 시멘트 냄새가 나는 듯했다. 관광객을 위해 새로이 조성된 식당가와 새로 짓고 있는 많은 건물들을 보면서, 앞으로 이 지역은 관광산업으로 더욱 발전할 것 같다는 생각이 들었다.

한산한 오지의 도시가 관광 붐을 타고 개발되어서인지는 몰라도 사람들은 다소 불친절했다. 그리고 우리가 묵는 호텔도 방값에 비해 얼마나 어설프고 불편한지 이루 말할 수 없었다. 다른 지역에 비해 결코 싸지 않은데도 물이 안 나오거나 화장실 물이 잘 빠지지 않았다. 그래도 시즌에는 방 잡기가 쉽지 않다고 한다.

배정 받은 방으로 올라가니 물이 나오지 않았다. 그런데도 프런트 직원은 미안한 기색 하나 없이 2~3시간 뒤면 나온다고 했다. 방에는 에어컨 시설도 없었다. 백두산 밑이니 시원해서 에어컨을 설치할 필요가 없는지도 모른다는 생각이 들었다. 기록적인 폭염으로 서울에 있는 가족들이 걱정되었는데, 우리는 여기까지 오는 내내 그리 덥지 않았다. 차에서 내려 걸어갈 때도 덥다고 느낀 적이 없었으니까.

오늘은 다른 날보다 상대적으로 일찍 호텔에 도착했기 때문에 저녁 시간이 여유로웠다. 호텔 근처 샤브샤브 식당은 모던한 실내 장식에 음식 맛도 좋았다. 중국에서 먹는 소고기는 생각보다 부드럽고 연했다.

저녁을 먹고 들어오니 호텔에 다시 전기가 나갔다. 우리는 어두운 방으로 들어와 목욕도 하지 못하고 잘 수밖에 없었다. 급조된 관광 지역에서 아직 전기와 수도 등의 인프라가 따라오지 못하고 있다는 생각이 스쳐갔다.

압록강에서의   마지막
                        밤

단둥에서 얼다오바이허까지 거의 2,000리를 왔다. 이번 답사의 3분의 2를 온 것이다. 하긴 압록강은 길이가 803킬로미터, 두만강은 547.8킬로미터라고 하니, 날짜와 거리를 따져보아도 3분의 1만 남은 것이다.

접경 지역의 중국 쪽은 정말 놀랄 정도로 '개벽'했다고 말할 수 있었다. 오지인데도 새로 건설된 도로와 신축 건물들이 현대적인 모습을 하고 있었다. 관광 명소마다 여가를 즐기는 중국인들의 모습도 경제적으로 여유 있어 보였다. 그리고 북-중 접경 지역 중 관광 명소마다 관광객들을 위한 숙박시설도 모자라지 않게 준비되어 있었다.

특히 중국의 발전과 더불어 북한과의 교류를 위한 철도와 도로 건설은 지금도 진행 중이었지만, 중국의 경제 발전이 북한으로 전해지고 있다는 느낌을 받지 않을 수 없었다. 비록 중국이 북한의 지하자원을 노리고 개발하는 것이라 할지라도, 북한도 경제적인 영향을 받고 있다고 말할 수 있다. 신의주, 혜산의 모습을 통해 경제난이 극심했던 10여 년 전과는 분명 달라진 모습을 확인할 수 있었다. 자전거의 행렬이나 물놀이하는 북한 주민들의 다소 밝아진 얼굴 등을 통해 그들도 예전보다는 사는 형편이 나아졌음을 눈으로 확인할 수 있었다.

김정은은 첫 공개 연설인 '4·15연설'을 통해 "우리 인민이 다시는 허리띠를 조이지 않게 하며 사회주의 부귀영화를 마음껏 누리게 하자는 것이 우리 당의 확고한 결심입니다"라고 밝혔다. 이처럼 김정은은 '인민제일주의'를 표방하면서 인민 생활 향상에 국정의 최우선순위를 두고 내각 중심의 경제 발전 전략을 준비 중인 것으로 알려지고 있다.

김정일 시대라면 자본주의 날라리풍이라고 비난했을 법한 미키마우스 캐릭터가 등장하는 모란봉 악단 공연을 텔레비전으로 내보내고, 영화 〈로키〉의 배경음악도 나왔다. 서구 자본주의 문화와 관련된 장면을 내보낸 북한의 의도가 무엇인지는 알 수 없지만, 아무튼 김정일 시대와는 사뭇 다른 점이다.

장성택 국방위원회 부위원장은 2012년 8월 13일부터 5박 6일 동안 중국을 방문해, 황금평·위화도 및 나선 경제특구를 포함한 북한의 경제 개발에 대한 중국 측의 협력을 모색한다. 그리고 6·28조치로 알려진 '우리 식의 새로운 경제관리체계를 확립할 데 대하여'라는 방침을 통해, 북한이 농업, 산업, 유통 분야 등을 대상으로 개혁 조치를 준비하고 있다는 보도도 있었다. 그럼에도 북한은 여전히 기존 체제의 고수를 주장하기도 했다. 장성택의 방중이나 일부 경제 분야에서 새로운 조치를 시도했다는 점만으로 김정은의 북한이 개방과 개혁의 길을 선택할 수도 있다고 판단하는 것은 무리일 것이다. 그러나 최근 북한의 정책 행보와 북한이 직면한 대내외 구조적인 측면에서 이 같은 판단을 하지 않을 수도 없을 것이다.

김정일이 사회주의와 자본주의는 양립할 수 없는 배타적인 생산 양식이라 하면서 자본주의 황색 바람을 막는 데 주력한 것에 비해, 김정은은 자본주의에 대한 거부감을 보이기보다는 '세계적 추세'를 강조하면서 인민 생활 향상을 국정의 최우선으로 생각하고 있는 것은 아닌지 모르겠다. 물론 앞으로 그 과정을 더 지켜봐야 하겠지만.

아무튼 지금까지 북한의 지도자가 부인을 공개석상에 동반하지 않은 전례를 깨고 리설주를 등장시킨 것은, 그 이면에 숨겨진 의도가 무엇이든 김일성이나 김정일과는 다르다. 유학을 통해 자본주의를 경험한 김정은이 김정일과는 다른 통치 스타일을 보이고 있다고 생각할 수 있다. 김정은 시대에 중국과 북한의 경제협력과 교류가 얼마나 발전하고 진척될지에 대해서는 가늠할 수 없지만, 중국의 필요와 북한의 필요가 맞아떨어진다면 그 흐름을 멈추게 할 수는 없을 듯해 심히 우려된다.

내일부터 시작되는 두만강 접경 지역 답사를 통해 다시 확인할 수 있겠지만, 접경 지역을 통한 북-중 교류는 놀라울 정도로 급속하게 이루어지고 있었다. 두만강 접경 지역은 압록강 접경 지역과 얼마나 다를지 내심 궁금했다.

북한의 경제 성장 지표

2012년 12월 통계청 발표에 따르면, 2011년 북한의 성장률은 0.8퍼센트 상승으로 3년 만에 플러스 성장을 기록했다. 특히 2011년 북한의 무역에서 중국이 차지하는 비율은 70.1퍼센트56억 990만 달러였는데, 이는 통계청이 관련 통계를 모으기 시작한 2000년 이후 최대 규모이다. 또한 김정일 체제가 출범한 1998년 14억 4,000만 달러의 4배가 넘으며, 2010년 56.9퍼센트에서 13.2퍼센트 더 확대됐다.

북한은 2011년 초에 국가경제개발 10개년 전략계획을 발표하고 군중 동원을 통한 건설 사업을 늘려왔다. 그러나 무엇보다 북한 경제가 소폭 상승한 요인으로는 중국과의 경제협력을 꼽을 수 있다. 이는 남북관계가 경색되면서 남한과의 교역 비중이 2009년 33.0퍼센트에서 2010년 31.4퍼센트, 2011년 21.3퍼센트로 계속 낮아진 것과 비교된다. 남북 교류가 줄어든 상황에서, 북한은 중국과의 교류와 협력을 통해 경제적 부담을 줄여 나갔다고 할 수 있다.

북한의 사회 양극화

최근 평양을 다녀온 사람들에 의하면, 예전보다 평양의 전력 사정이 나아져 정전이 줄어들었고 전력 공급도 안정적으로 이루어지고 있다고 한다. 차량도 늘어나 출퇴근 시간에는 차량 정체까지 생기고, 거리에서 휴대전화를 사용하는 사람들의 모습도 일상적이라고 한다. 경제가 활기를 찾으면서 북한을 떠나는 사람들도 줄어, 2012년 한국에 들어온 탈북자의 수는 1,500여 명으로 2011년 2,706명에서 거의 절반 수준으로 줄어들었다. 전반적으로 북한의 사회 상황이 나아진 것으로 파악되지만 사회 내부적인 양극화는 심화되고 있다고 한다. 북한 당국의 투자가 평양에 집중되면서 '평양민'과 '지방민'의 구분이 생기고, 장사를 통해 돈을 버는 '자력갱생 계급'과 국가의 공급에 목을 매는 '배급 계급'으로 나뉘는 등 사회 양극화 현상이 나타나고 있다고 한다.

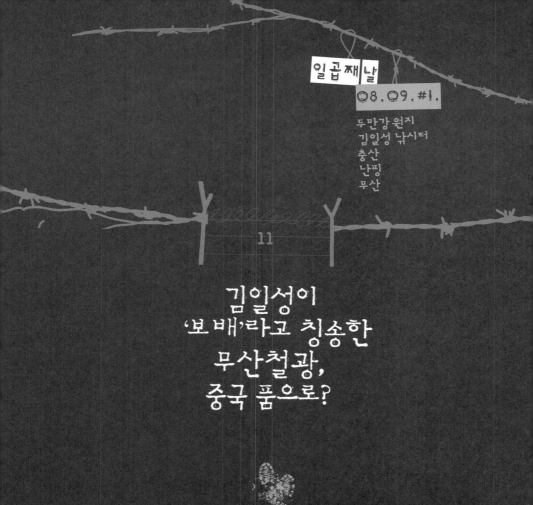

11

김일성이
'보배'라고 칭송한
무산철광,
중국 품으로?

\# 두만강의 발원, 원지.

1,376.5km

일곱째 날 ① 두만강 원지 → 김일성 낚시터 → 충산 → 난핑 → 무산

야생화 곱게 핀

두만강의 발원,
원지

남파, 북파로 백두산에 두 번이나 오르면서도 천지를 한 번밖에 보지 못한 아쉬움을 남기고, 다음날 아침 우리는 장백고원을 넘어 북한의 무산茂山을 바라볼 수 있는 난핑南坪을 향해 떠났다. 굳이 산길을 택해 장백고원을 넘어가는 이유는 두만강 발원지의 하나인 원지웬츠를 보고, '김일성 낚시터'였다는 곳도 한번 보기 위해서였다.

얼다오바이허를 떠난 버스가 백두산 쪽으로 다시 올라가다가 옛 산문이 보이는 곳에서 왼쪽으로 접어들자, 곧 백두산 원시림 사이로 비포장 길이 나왔다. 원지까지 가는 길은 야생화의 천국이었다. 차에서 내려 수수하면서도 기품이 있는 야생화들이 주변에 지천으로 피어 있는 오솔길을 따라 들어가니 '천녀욕궁지天女浴躬池'라는 표지석이 눈에 들어왔다. 그 뒤로 파란 하늘과 구름과 나무들이 비치는 거울 같은 호수가 조용히 앉아 있었다. 원지圓池라는 이름에 걸맞게 호수는 동그랗게 생겼다. 지름이 250미터나 되는 작지 않은 호수였다. 호수 주변은 발이 푹푹 빠지는 늪지대였다.

원지가 북한 삼지연군에 있는 소천지보다 아름답다는 말도 있다. 소천지를 보지 못했기 때문에 두 호수를 비교할 수는 없지만, 원지의 고요하면서도 우아한 모습은 일품이었다. 청나라 건국 설화에 등장하는 세 천녀天女가 원지에서 목욕을 했다고 해서 청나라 때는 원지가 신성시되었다고 한다. '천녀욕궁지'라는 표지석도 그래서 세워놓은 것 같았다. 그러나 원지에서는 천지가 발하는 위엄이나 기운 같은 것은 느낄

1   쌍목봉 해관 입구. 북-중 접경 지역에서 유일하게 강을 건너지 않는, 육지로 연결되는 해관이다.
2   철조망 너머로 보이는 두만강 상류. 두만강 상류의 폭은 그냥 건너뛸 만한 데다 깊이도 무릎 정도밖에
안 되어 보였다.

수 없었다.

원지를 보고 나서 오른쪽으로 두만강 상류를 끼고 '김일성 낚시터'
를 향했다. 길도 좁고 산속인데도 군데군데 검문소가 있었다. 검문소마
다 차를 세우고 중국 군인들이 올라와 사람들의 여권과 사진을 일일이
대조하였다. 분위기가 압록강 상류와는 사뭇 달랐다. 우리가 지나온 혜
산시 주변의 경우, 강폭이 좁아 건너오기는 쉽지만 지형지세 때문에 바
이산 서쪽으로 나가는 길목과 창바이 동쪽으로 나가는 길목만 막으면
탈북자들이 빠져 나갈 구멍이 없다고 한다.

그러나 두만강 쪽으로 접어든 후 경비가 삼엄해진 걸 보면서, 두만
강 쪽은 북한에서 넘어온 뒤 출로가 압록강 쪽보다 상대적으로 많기 때
문이 아닌가 싶었다. 두만강 상류의 폭은 그냥 건너뛸 만한 데도 많았고,

깊이가 무릎 아래 정도밖에 안 되는 곳도 많은 것 같다. 일행 중 한 분이 10여 년 전만 하더라도 두만강 접경 지역 접근이 자유로웠는데 요즘은 감시·검문이 강화되었다고 설명했다. 밀수와 탈북이 늘어났기 때문인 것으로 보인다. 물론 압록강 건너편보다 두만강 건너편의 사는 형편이 훨씬 열악하기 때문에 탈북자가 많을 수도 있다. 실제로 탈북자 중 함경 북도 출신이 상대적으로 많은 것도 이 같은 이유 때문일 것이다.

한참 길을 가다 철문으로 된 입구 하나가 눈에 띄었다. 북-중 접경 지역에서 유일하게 강을 건너지 않는, 육지로 연결되는 '쌍목봉 해관'이 라고 한다. 원래 공무公務의 통로였으나 2009년 임시 통상구가 세워지면 서 양국의 무역 통로로 활용되는 곳이라고 한다. 이 해관은 상시적인 통 상구가 아니라 필요할 때만 문을 여는 곳이라고 했다. 우리가 내려서 사 진을 찍으려고 하니 저 멀리서 중국 공안 3~4명이 우리를 향해 다가왔 다. 중국 공안의 두만강 감시가 압록강보다 삼엄했다.

북한의 명소,

김일성
낚시터

1939년 5월 김일성이 만주 창바이에서 함경북도 대홍단지금은 양강도 소속 으로 건너와 낚시를 했다는 '조어대釣魚臺'에 잠시 들렀다. 강폭이 얼마나 좁던지 1미터 남짓밖에 안 돼 보였다. 마침 북한군 병사 한 명과 중국군 병사 세 명이 대화를 나누고 있었다. 북한군은 카키색 군복을 입고 있었는데, 키가 160센티미터도 안 돼 보였다. 북한 주민의 체격은 시기와 지역에 따라 차이가 많이 나는 것 같았다. 남북 교류가 한창이던 2000년대 초반 평양을 방문했을 때는 저렇게 키 작은 북한 남성은 본 적이 없었다. 그러나 북-중 접경 지역에서 보는 북한 군인들은 정말 왜소하고 말라 있었다. 아마 먹는 것이 문제일 것이다. 지금 군에 와 있는 나이라면 '고난의 행군' 시절1995~1998에 태어났거나 그때 유년시절을 보냈을 것이다. 게다가 식량 배급이 잘 되지 않는 지역의 출신이라면 뭘 제대로 먹고 자랐겠는가? 신체적으로 열세인 것은 당연한 일일 것이다.

한 무리의 관광객 일행이 멀리서 자신을 쳐다보고 있는데도 북한군 병사는 쪼그리고 앉아 태평하게 중국 군인들과 이야기를 나누고 있었다. 관광객을 전혀 의식하지 않는 눈치였다. '조어대'가 나름 명소가 되어 누군가에게 보여지는 것이 그들에게는 흔한 일인 듯싶었다.

중국군 한 명이 우리에게 다가왔다. 그리고 묻지도 않았는데 자신은 옌지延吉 출신이라고 했다. 옌지에서 듣던 조선말이 들리니까 우리가 남한 사람들이라는 것을 알고서 반갑다는 뜻으로 얘기하는 것 같았다. 북한군과 나눈 대화 내용이 무엇인지 물었더니 "일상적인 것들"이라고 얼버무렸다. 중국 군인은 키도 훤칠하고 잘생긴 외모를 하고 있었다. 병사들의 체격이나 외모 면에서 북-중 간 차이가 크게 났다.

＃ 두만강 접경 지역에서 본 북한의 가옥과 철조망.

충산 해관과

'조어대'를 떠나 광핑廣坪을 거쳐 충산崇善에 도착하기까지 세 곳의 검문
소를 지났다. 무작위로 여권과 인물을 체크하는 중국 군인의 얼굴에는
표정이 없었다. 두만강 상류는 흐름도 완만하고 강폭도 물건을 던지면
서로 주고받을 수 있는 거리라서 그런지 밀수가 빈번하다고 한다. 그러
니 단속이 강화될 수밖에 없을 것이다.

예부터 충산은 물 좋고 산 좋아 경치가 아름다운 고장이라 했다. 옌
볜 조선족자치주 허룽和龍 시 남부에 위치한 충산은 두만강을 사이에 두
고 북한의 양강도 대홍단군大紅湍郡과 마주하고 있는 오지이다. 충산의
구청古城里이라는 작은 마을에 북한과의 무역과 국경 출입을 관리하는
커우안口岸, 국경 지대의 관문이 설치되어 있었다. 구청 마을의 커우안은 두
만강 상류 지역에서 가장 먼저 세워진 통상구일 뿐 아니라, 옌볜 조선족
자치주와 북한의 양강도를 직접 잇는 통로라고 한다. 해관 건물은 농촌
마을의 일반 가옥에 비해 어울리지 않게 컸다. 새로 지었는지 페인트칠
도 아주 깔끔하게 되어 있었다.

북한의 대홍단군은 감자 농사를 많이 하는 곳인데, 원래는 벌판에
붉게 핀 철쭉꽃들이 여울과 어우러져 있다고 해서 붙은 지명이라고 한
다. 대홍단의 중국 쪽 건너편인 충산 지역에도 철쭉나무들이 많았다. 8
월이라 철쭉꽃이 피어 있는 것을 볼 수는 없었으나 철쭉나무들이 산 중
턱에 많이 퍼져 있었다. 철쭉꽃이 피는 시절에는 참으로 아름다운 광경
을 이룰 것이다.

충산의 철쭉나무 군락.

　　국경 철조망 너머 5미터도 안 되는 곳에서 북한 주민들이 제법 많이 모여 건물 신축 공사를 하고 있었다. 엉기성기한 철조망만 없으면 중국 땅인지 구별이 안 될 정도의 지척이었다.

　　도랑이나 냇물이라고 해도 될 만큼 좁은 두만강 건너 북한 마을을 바라보고 나서, 우리는 맑은 두만강 상류에서 잡은 자연산 산천어로 점심식사를 했다. 바이산에서도 산천어로 저녁식사를 했는데, 충산의 식당은 자연산임을 유독 강조했다. 충산 다음에 잠시 들르게 될 난핑을 통과하고 나면 무산철광에서 나오는 폐수 때문에 산천어를 구경할 수 없다고 하니, 이번 답사에서 산천어를 먹는 마지막 기회가 될 것이다. 서울에서 먹는 민물매운탕과는 달리 덜 맵고, 된장을 풀어 넣었는지 걸쭉했다.

아시아 최대 노천 철광

무산광산과
북-중 경제협력의 현주소

난핑에서는 북한의 무산을 발 아래로 내려다볼 수 있었다. 두만강 건너 무산 쪽은 강에서 바로 들판으로 연결되는 데 반해, 난핑 쪽으로는 제법 높은 절벽 아래로 두만강이 흐르는 지형지세였다. 지형 때문에 무산이 멀리까지 한눈에 들어왔다. 2008년 북한 통계에 따르면, 무산의 인구는 약 12만 명 정도라고 한다. 우리가 지나온 신의주는 약 36만 명, 혜산은 19만 명 정도니까, 무산이 국경 도시 중에는 세 번째쯤 되는 큰 도시인 셈이다.

무산의 풍경은 지금까지 지나온 북한 마을들과는 전혀 다른 모습이었다. 강 바로 건너에 있는 협동농장은 조용했지만, 좀 떨어진 왼쪽 광산 쪽에서는 길게 연결된 컨베이어벨트가 돌아가는 장면이 보였다. 그리고 철광석으로 보이는 돌덩이들이 산 중턱으로 흘러내린 모습과 먼지가 연기처럼 피어오르는 광경이 우리 눈앞에 전개되었다. 광산 근처에 가본 적이 없는 나로서는 무산의 모습이 꽤나 신기했다. 철광석을 실어 나르는 트럭들이 먼지를 일으키며 다리를 건너 중국 쪽으로 오고 있었다. 멀리서 바라보아도 무산에서는 활기가 느껴졌다.

매장량이 45억 톤에 이르는 것으로 추정되는 무산철광은 아시아 최대의 노천 철광이다. 일찍이 김일성은 "무산광산은 우리나라의 보배입니다"라고 칭송했다고 한다. 그런데 최근 그 '보배'가 보배의 역할을 못하고 있다. 철광석을 캐내 제철製鐵을 해서 그 강철로 기계나 건축 자재를 만들어 수출해야 경제가 좋아질 텐데, 북한은 지금 '보석'이 될 수 있

1 무산시 전경.
2 아시아 최대의 노천 철광인 무산철광.

는 돌을 그냥 '원석'으로 중국에 팔고 있기 때문이다.

　남북한의 철강산업이 너무나도 대조적이다. 남한의 포항제철은 국내 자재만으로는 부족해서 고철과 철광석을 수입해 제철을 하고 내수와 수출을 감당하면서 세계 최대 철강회사로 자리매김하고 있다. 그런데 북한은 최고지도자가 '보배'라고 칭송한 아시아 최대 노천 철광을 손안에 두고도 그걸 제대로 활용하지 못하고 있는 것이다. 만포 쪽의 목재와 광물 자원, 김정숙군의 석영, 혜산의 동광에 이어 무산의 철광석마저도 모두 원자재 형태로 중국에 팔려 나가고 있는 것이다. 안타까운 일이다.

　무연탄, 철광석 등 북한의 대표적인 외화벌이 상품인 광물 자원의 수출 규모는 지난 10년간 33배나 증가했다. 2001년 수출한 광물 자원무연탄, 철광석, 마그네사이트은 5,000만 달러로 전체 수출에서 7.8퍼센트를 차지했는데, 2010년 수출액은 6억 9,000만 달러로 증가했다. 또한 2011년에는 16억 5,000만 달러로 전년 대비 138.1퍼센트나 증가했으며, 전체 수출에서 광물 자원이 차지하는 비중이 전체의 59.4퍼센트에 달하는 것으로 집계됐다코트라, 2012.

　북-중 경제협력이 최근 단순한 교역 차원을 넘어 장기적이고 대대적인 자원 협력 차원으로 변화해 나가고 있음을 가장 잘 보여주는 곳이 중국의 난핑과 북한의 무산을 잇는 철도 연결 사업이다. 무산과 무산철광이 한눈에 내려다보이던 높은 찻길에서 옌볜 방향으로 좀 내려오면 평지가 나오는데, 지금 중국은 그곳에다 무산의 철광석을 중국으로 실어 나르기 위한 기반시설을 건설하고 있다. 또 기존 철도가 들어와 있는 허룽의 도심에서 난핑까지 42.5킬로미터의 철도 연결 공사도 진행 중이다.[12]

\#   무산과 난핑을 잇는 철도 건설 현장.

　　북한의 항구를 이용한 동해 항로 개척에 적극적인 중국은 장기적으
로 허룽-난핑 철도를 무산을 거쳐 청진까지 연장하겠다는 구상을 갖고
있다. 실제 중국이 청진항 3·4호 부두 사용권을 따냈다는 보도는 2010
년부터 나왔지만 현재까지 별다른 진전은 없다고 한다. 항만 이용을 둘
러싼 북-중 간의 견해차 때문이라고 하는데, 중국은 출해권 확보 차원
에서 부두만 쓰고 싶어 하는 반면, 북한은 중국이 항만 주변에 산업단지
를 개발해주기를 바라고 있다고 한다. 양측의 의견차가 좁혀지지 않아
걸핏하면 중단되는 사업이 다반사인지라, 청진항의 경우도 확정이 미루
어지고 있다. 청진항의 경우, 중국은 기존 진출국인 러시아와도 경쟁해

12　　　허룽에서 난핑까지 42.5킬로미터의 철도 공사가 2009년 8월 착공되어 3년 4개월
만인 2012년 12월에 완공, 2013년 1월 11일 정식으로 개통됐다. 이 철도는 허룽에서 중국
동북의 내륙 철도망과 연결된다. 이 공사에는 11억 9,600만 위안약 2,000억 원이 투입됐다.

야 하는 처지이고, 북한은 중-러 간 경쟁을 부추겨 자신에게 이득이 되는 쪽에서 투자를 받아내겠다는 심산이라 구체적인 사업으로 발전할지는 아직 미지수다. 한편 무산-난핑 철도의 중국 쪽 초입에는 대규모 물류기지를 건설하고 있었다. 작년에 이 지역을 다녀갔던 한 분이 말하길, 작년보다 공사가 많이 진척되었다고 했다.

중국은 2015년까지 100억 달러약 11조 원가 넘는 자금을 이곳에 투입할 계획이라고 한다. 이러한 대규모 공사는 일차적으로 북한산 지하자원 수입과 낙후한 동북 지역 개발의 경제적 목적을 가진 것이라고 보아야 하겠지만, 그것이 전부는 아닐 것이라는 생각이 든다. 북한의 급변 사태시 신속한 군 투입 경로를 확보하려는 목적도 있는 것은 아닐까? 동북공정 때문에 걱정 반, 우려 반으로 이 같은 생각도 하게 된다.

무산철광의 철광석을 수입하는 중국의 톈츠天池공업무역은 지난 2005년, 중국 국영의 철강회사인 통화通化강철과 북한의 흑색금속수출입사와 3자 합작 방식으로 무산철광의 50년 개발권을 확보했다.[13] 이후 톤당 30~50달러의 가격에 연간 100~150만 톤의 철광석을 무산에서 채굴해 통화강철 등에 공급해왔다. "天池"라고 씌어진 빨간색 트럭들이 도로를 지나가고 있었다. 톈츠공업무역은 옌볜 지역의 민간 무역회사로, 지난 1990년대 초반부터 무산에서 생산된 철광석을 중국 시장에 내

13　2012년 10월, 톈츠공업무역은 7년 만에 북한과의 합작을 중단했다. 북한이 20퍼센트 이상 철광석 가격 인상을 요구하면서 철광석 채굴이 중단되었기 때문이라고 한다.

14　중국의 후난웨이진湖南緯金투자그룹은 북한 내 호텔과 고속도로 건설을 지원하면서 북한 최대 금광인 평북 운산금광 개발에 참여하기로 했다. 또 지린 성의 훈춘융이琿春永益수출입무역회사도 2012년 말 북한의 평양모란봉무역총회사와, 자강도 우산시의 금광을 공동 운영·개발하는 협약을 맺었다.

다 파는 통로 역할을 해온, 북한의 오랜 파트너 회사라고 한다.

2010년 한국의 5·24조치로 남북 교역이 사실상 중단되면서 북한은 무연탄, 철광석, 금 등을 중국으로 수출하는 데 주력해왔다. 그리고 합영투자위원회를 주축으로 활발한 외자 유치 활동을 벌이고 있는 북한은 도로, 호텔 등 각종 기반시설을 건설해주는 중국 기업에게 광산 개발권을 부여하는 새로운 방식의 대규모 투자협약을 체결하고 있다.[14]

무산 근처를 흐르는 두만강 물빛이 지금까지 보아온 압록강이나 두만강과는 달리 회색을 띠고 있었다. 무산철광에서 흘러나오는 철광분 때문에 강물의 색깔이 탁해진 것이다. 철광분 채취 작업이 붐을 이루면서 두만강 수질만 오염되고 있는 것이 아니었다. 철 성분을 추출하고 난 후 버려진 모래더미가 바람에 날려 강 주변의 식생과 농사에 영향을 주는 등 자연생태 환경이 피해를 입고 있었다. 수질 개선을 위한 오염 처리 및 오염 방지 계획을 중국이 추진하고 있으나 북한과 협조가 잘 안 되는 바람에 문제가 해결되지 않고 있다고 한다. 두만강 유역의 오염이 걱정되었다.

일곱째날

허룽
룽징
옌지

08.09.#2.

12

민족의
애환 서린 간도에도
봄이 오건만...

룡정지명기원지 우물

이 우물은 1879년부러 1880년간에 조선이민 장인석, 박인언이 견하였다. 이민들은 우물가에다 ⌈룡정지평⌋ 둘 세워 례 나왔다. /룡정/명은 여기서 정존의 나왔다. 1934년 룡정기하여 ⌈룡정지평기원지우악 2M 높이의 우물을 수선하고 나은 ⌈룡정지평기원지우물⌋ 고, 새겼다. /룡정지평기원지우문화혁명⌋에 의하여 1986년 문화정원인 정부에서는 다시 재되었비단 우물을 세웠다

\# 시민들의 휴식 공간으로 이용되는 용정 우물과, 유래가 새겨진 비석.

1,376.5km

일곱째 날 ② 허룽 → 룽징 → 옌지

대하소설 《토지》의

무대,
허룽-룽징-옌지

무산-난핑 철도와 난핑 물류기지를 보고 난 뒤, 우리는 박경리의 대하
소설 《토지》의 무대인 허룽和龍과 룽징龍井을 거쳐 옌지延吉로 향했다. 허
룽에는 조선족이 17만 명이나 산다고 한다. 허룽에서 룽징으로 가는 길
에 잠깐 차를 세우고, 가곡 〈선구자〉에 나오는 비암산과 일송정을 바라
보았다. 룽징이 지금은 중국 땅이 되어 룽징이라 불리지만, 원래는 1880
년경 조선에서 건너와 살던 사람이 우물을 하나 발견하고 그 우물을 용
정龍井이라고 부른 데서 지명이 유래했다는 이야기가 전해온다. 용정 우
물 주변은 공원으로 꾸며 시민들의 휴식처로 이용되고 있었다. 룽징 도
심 한가운데에는 일제강점기 3·13만세운동의 현장이었던 용정중앙소
학교가 있다.

우리는 룽징에서 20킬로미터 떨어진 옌지연길에 도착했다. 자동차
가 얼마나 많은지 정신이 하나도 없었다. 조선족자치주의 주도州都다웠
다. 9월이면 1952년 옌볜이 조선족자치주가 된 지 60주년이 된다고 한
다. 이를 알리는 입간판이 공항을 비롯해 도시 곳곳에 세워져 있었고, 시
내 여러 군데에서 공사가 한창이었다.

1992년까지 옌볜 조선족자치주의 행정 수반인 주장州長은 물론 공
공기관 간부 40퍼센트 이상이 조선족이었다. 중국의 56개 민족 가운데
고유의 언어를 갖고 있는 민족은 한족漢族과 티베트족, 위구르족, 몽골
족, 조선족 다섯뿐이라고 한다. 한때 중국에서 전국 도시 중 두 개의 '옌'
이 뜨고 있다는 말이 있었다고 한다. 하나는 중국공산당의 혁명 성지인

옌안延安이고, 다른 하나는 개혁·개방과 한-중 수교 이후 빠르게 발전하고 있는 옌지이다.

옌지는 조선족 특유의 근면성과 한-중 수교 덕택으로 특수特需가 겹치면서, 중국에서 인구 비례로 따지면 영업용 택시가 가장 많은 도시가 되었다고 한다. 반면 성장과 호황의 후유증도 있다. 조선족들이 돈을 벌기 위해 중국의 대도시와 한국으로 떠나면서, 1952년 옌볜 전체 인구의 74퍼센트에 이르던 조선족 비율은 2010년 36.7퍼센트로 떨어졌다. 이는 이 기간 중 조선족 인구 증가율이 둔화되기도 했지만 중국인들의 옌볜 유입이 증가했기 때문이라고도 한다.

중국에서 소수민족이 자치주를 유지하려면 소수민족 인구가 지역 전체의 30퍼센트 이상이 돼야 하는데, 2020년이 되면 조선족 비율이 10퍼센트 대에 그칠 것이라고 한다. 조선족들이 풍요로운 삶을 위해 고향을 떠나는 것을 말릴 수는 없지만, 역사적으로 한민족에게 의미가 큰 간도間島 지역에서 조선족의 위상이 내려가는 안타까운 일이 일어날지도 모른다. 인구가 줄면서 각급 조선족 학교의 80퍼센트가 이미 문을 닫았다고 한다.

한편 옌지는 북한과의 교류도 많은 지역인데, 요즘 옌지에서 평양을 오가는 비행기가 하루에 두 번 뜬다고 한다. 4,700위안의 비용으로 5박 6일의 관광상품이 등장했고, 3박 4일 상품도 있다고 한다. 옌지에 사는 조선족들은 북한에 있는 친지 방문이 자유롭고, 북한 관광도 자유롭게 하는 편이라고 한다. 북한이 관광 사업을 통해 얼마나 많은 돈을 벌고 있는지 알 수 없으나, 북한의 개방에 미치는 영향이 적지 않으리라는 점에서 잘된 일이라고 생각한다.

조선인의

간도
이주 역사

이번 우리 답사단의 마지막 기착지인 옌지는 옌볜 조선족자치주의 주
도이지만, 원래는 간도間島의 중심이었다. 간도는 바다나 강 가운데 있
는 섬을 일컫는 것이 아니라, 만주 내륙의 두만강과 송화강松花 강의 지류
인 토문강土門江 사이의 지역을 일컫는 말이다. 조선 숙종 38년1712, 조-
청 간 합의에 의해 세워진 백두산 정계비에, 두 나라는 서쪽으로는 압록
鴨綠, 동쪽으로는 토문土門을 국경으로 삼는다고 적혀 있다.

    이후 두만강 건너편을 북간도또는 동간도, 압록강 건너편을 서간도라
했지만, 대체로 북간도를 간도라고 했다. 간도는 옌지, 허룽, 룽징, 그리
고 북한과 접경한 투먼圖們, 러시아와 접경한 훈춘琿春, 또 이번 우리 여
정에는 포함되지 않은 둔화敦化, 안투安圖, 왕칭汪淸 등을 묶어 지칭하는
지명이었다. 이중 우리는 내일 투먼과 훈춘, 팡촨防川에서 두만강 건너

북한 지역을 보고,
북-중 관계 일선에
서 일하는 사람들을
만나 북한의 최근 움
직임에 대한 소식을
듣기로 했다.

    옌볜과 간도가
지금은 북-중 접경
지역이 되어 있지만

\# 1779년 프랑스의 P. 산티니가 제작한 고지도. 사진의 적색 테두리까지 한국의 영토로 규정하여 간도를 한국 영토로 포함시켰다.

과거에는 사실상 우리 민족의 삶의 터전이었고 민족의 애환이 서린 곳이었다. 그런 점에서 우리 민족의 간도 이주 역사를 간단하게 살피고 넘어갈 필요가 있을 것 같다.

우리 민족의 간도 이주 역사는 19세기 중엽부터 시작됐다. 아편전쟁1842에서 영국에 패배한 청나라가 서양 제국주의 열강의 먹잇감이 되면서 대내 통치력이 약화되는 와중에, 청나라 건국 이후 철저하게 지켜왔던 봉금령封禁令, 청나라의 발원지인 만주 지역에 이민족의 출입을 금지한 조치이 잘 지켜지지 않게 되었다. 한편 조선에서도 청나라의 봉금령을 존중해 조선인들의 도강월경渡江越境을 금지해왔었지만, 1869~1870년 연거푸 흉년이 들면서 먹을 것과 농토를 찾아 강 건너 간도 쪽으로 밀고 들어가는 백성들을 막을 방법이 없었다.

조선 사람들의 간도 이주 정착이 상당히 진척된 이후인 1883년, 청나라 조정이 조선인의 간도 철수를 요구해왔다. 이때 조선과 청나라 사이에는 숙종 때 백두산 정계비에 새겨진 토문土門이 어디를 가리키는가를 놓고 논쟁이 있었다. 조선은 정계비에 씌어진 토문土門은 송화강 지류인 토문강土門江이라고 주장하는 반면, 중국은 토문土門, 중국어로는 투먼은 투먼圖們이며, 그것은 곧 두만강豆滿江이라고 주장했다고 한다.

중국의 주장이 터무니없는 억지라는 것은 중국어 발음으로도 입증할 수 있다. 土門과 圖們은 중국어에서 똑같이 '투먼'으로 발음한다고 하지만, 두만豆滿은 '떠우만'으로 발음한다. 그러니 圖們을 豆滿이라고 하는 것은 억지가 아닐 수 없다. 경계선에 대한 엄청난 해석 차이 때문에 합의를 보지 못하는 동안에도 조선인들이 강을 건너가는 것을 막을 힘은 청나라에도 없었고 조선에도 없었다. 이러는 와중에 조선인들의 간도 거주는 기정사실화해 가고 있었다.

'간도 귀속' 문제

발생
경위

청나라가 1885년에 북간도 남부를 조선족 개간구역으로 정한 뒤, 북간도는 다시 청-러-일 세 나라의 세력 각축장이 됐다. 그리고 1905년 러일전쟁에서 승리한 일본은 조선 조정을 겁박하여 을사늑약을 체결하고 옌지에 '통감부 간도파출소'를 설치했다. 명분은 조선의 외교권을 위임받은 일본이 북간도 거주 조선인들을 보호한다는 것이었지만, 실제로는 조선인들의 활동을 감시하려는 것이었다. 이에 대항해서 청나라도 국자가局子街에 길림변무공서吉林辺務公署를 설치했다. 이렇게 간도를 사이에 두고 밀고 당기던 일본과 청나라는 1909년, 조선과 청나라의 국경선을 압록강과 두만강으로 획정하는 '간도협약'을 체결했다. 일본은 뒷날 일본의 만주 침략과 만주국 건설의 기반이 된 남만주철도 부설권을 따내기 위해 조-청 간의 문제였던 간도 영유권을 청나라에 넘겨버린 것이었다. 1905년 강제로 체결된 을사늑약을 근거로 일본이 청나라에 간도를 넘겼기 때문에 오늘날에도 '간도 귀속 문제'가 제기되고 있는 것이다. 간도 귀속 문제는 "강박에 의한 조약의 효력은 무효"라는 국제법 이론에 비추어, 을사늑약 자체가 무효이니 이를 근거로 한 청-일 간 '간도협약'도 당연히 무효인 것이다.

조선시대 말에 먹고살기 위해 두만강을 건너온 조선인들의 삶의 터전이 되었던 간도는, 이런 연고 때문에 일제강점기 때도 일제에 항거하는 조선인들의 이주 지역이 됐다. 그리고 항일 독립운동의 기지 역할을 했다. 1919년 경성에서 3·1운동이 일어나자 간도 지역에서도 3월 13일 용정龍井을 중심으로 만세운동이 일어났다. 1920년에는 항일 무장 투쟁의 최고봉이라고 할 수 있는 홍범도 장군의 봉오동전투, 김좌진 장군의 청산리대첩, 그리고 훈춘 사건 등이 모두 옌볜을 거점으로 해서 전개됐다.

1945년 8월 태평양전쟁이 끝나고 조선이 해방되자 간도에 조선인 중심으로 '간도 임시정부'가 수립됐다. 한편 중국에서는 일본과 서구 열강이 물러간 중국의 지배권을 놓고 국민당군과 공산당군 간에 국공내전國共內戰이 벌어졌다. 국민당이 연길에 '중국국민당 길림성 연길판사처延吉辦事處'를 설치하자, 공산당도 '연변 행정독찰전원 공서行政督察專員 公署'를 설치했다. 이 와중에서 간도 임시정부는 중립 노선을 취했다.

국공내전이 공산당의 승리로 끝나고 1949년 10월 1일 베이징에서

\# 1930년대의 간도 이주.

'중화인민공화국 수립'이 선포되자 옌볜에서는 중국공산당 옌볜위원회가 간도 임시정부를 접수했다. 이 위원회는 옌지연길, 훈춘혼춘, 허룽화룡, 왕청왕청, 안투안도 등 5개 현을 관할했고, 간도시를 옌지 시로 개명하여 행정의 중심지로 삼았다. 200만 명에 이르던 조선인 수가 1945~46년 사이 100만 명 수준으로 감소하였는데, 이는 100만 명 정도가 광복 후 조국으로 돌아왔기 때문이었다.

간도 역사를 통해 알 수 있듯이, 조선족자치주인 옌볜 지역은 이미 조선시대 말부터 사실상 조선인들의 거주지였고 일제강점기 때는 조선인들의 항일운동 거점이었기 때문에 '조선'이 기득권을 갖고 있었다고 할 수 있다. 그렇기에 북한 정권 수립 후 김일성, 최현, 최용건 등 북측 지도부는 중국과의 면담 때마다, 일본이 청나라에 넘긴 '간도' 지역을 다시 돌려달라고 중국에게 요구했다고 한다.

이렇게 얽히고설킨 역사 때문에 '간도'라는 단어는 우리에게 여러 가지 의미로 다가온다. 빛바랜 흑백 사진 속에 흰 저고리를 입고 멋쩍은 미소를 머금은 우리네 할아버지 할머니들의 모습에서, 가난을 피해 이국 땅에서 고생하던 우리 선조들의 애환에 가슴이 시려온다. 또한 같은 흑백 사진이지만 날카로운 눈빛과 꼭 다문 입매의 결의에 찬 우리 독립 투사들의 모습에서는 뜨거운 조국애가 느껴지면서 힘이 불끈 솟는다.

옌볜 조선족자치주의

역사와
중국 내 위상

한국전쟁이 한창이던 1952년 2월, 중국 정부는 '소수민족지구 자치에 관한 정령'을 제정하여 50개가 넘는 소수민족들이 사는 곳에 자치적인 행정단위를 설치했다. 조선족이 많이 살고 있는 옌볜 지역에는 조선족 자치구가 설치됐다. 자치구區가 가장 상급이고, 그 다음이 자치주州, 자치현縣, 자치향鄕, 자치진鎭 순서라고 한다.

지역의 전체 인구 중 소수민족의 비율에 따라 '자치' 타이틀이 붙기도 하고 떨어지기도 한다. 그러니 '자치'라는 단어가 붙었다고 해서 우리나라의 풀뿌리 민주주의를 상상하면 안 된다. 중국에서 '자치'라는 말이 붙는 곳에서는 상점 간판이나 문서 등에 소수민족의 언어를 공용어로 쓸 수 있고, 행정 책임자를 소수민족 출신이 맡을 수 있는 정도라고 한다.

 1952년 9월 3일 옌지에 대표자들이 모여 옌볜 조선족자치구를 창립했다. 조선족이라는 소수민족 명칭도 1952년 처음으로 공식화됐다. 그러나 중국 정부는 1954년에 새 헌법을 제정하고 이에 따라 옌볜 조선족자치구를 한 단계 낮은 자치주로 바꾸고, 국무원의 승인을 받아 1955년 4월 이를 공표했다. 이에 따라 1955년 12월 옌지에서 개최된 '옌볜 조선족자치주 제1기 인민대표회의'는 자치주를 선포하고 주장州長에 조선족인 주덕해朱德海를 선출했다.

 1952년 옌볜의 조선족 인구는 자치주 총 인구의 74퍼센트였고, 조선족 간부는 총 간부 수의 78퍼센트를 차지했다. 그런데 1962년에는 조선족 수가 50.04퍼센트로, 조선족 간부 수는 64퍼센트로 떨어졌다. 문화대혁명으로 옌볜의 사정이 가장 어려웠던 시기인 1971년에는 많은 조선족 간부들이 대거 숙청당하면서 조선족 간부의 비율이 많이 줄었다. 이후 사정은 점차 개선되어 1992년까지 지역 행정 수반인 주장은 물론 공공기관 간부 40퍼센트 이상이 조선족이었다.

 자치주가 성립되기 위해 중요한 것은 자치주의 민족언어라고 한다. 옌볜이 중국의 일부이기 때문에 중국어를 국어로 삼지만, 옌볜에서는 중국어 대신 조선말한국어이 공용어다. 예컨대 옌볜의 조선족들은 1953년부터 종래에 한자를 섞어 쓰던 것을 취소하고, 대신 공공단체의 간판에서 조그만 간판이나 상표에 이르기까지 한글과 중국어 두 문자로 표기하고 있다.

 그런데 최근 들어 동북 3성의 조선족이 정체성 위기를 맞고 있다. 중국 전체에서 조선족 인구가 줄어들고 있는 것도 문제지만, 조선족자치주에 한족漢族을 이주시켜 상대적으로 조선족 비율을 낮추고 있는 중국 당국의 정책도 한 몫을 하고 있다. 그리고 한-중 수교 이후 많은 조선족 동포들이 한국에 와서 취업을 하고, 젊은 사람들은 한국 기업들이 진출한 중국 내 다른 지역으로 일하러 나가고 있어, 옌볜의 조선족 숫자는 날로 줄어들고 있다고 한다. 이로 인해 조선시대 말부터 간도에 거주해 온 조선족의 영향력이 약화되고 있는 것이 현재의 실정이라고 한다. 자치구였던 옌볜이 자치주로 격하되었는데 다시 자치현으로 격하되는 일이 일어날까 걱정이다.

옌볜 중심지의 한 호텔에 자리 잡은 우리 일행은 저녁식사 때까지 자유시간을 갖기로 했다. 철이 조금 이르긴 하지만 송이를 곁들인 저녁식사가 준비되어 있다고 했다. 다른 일행은 내일 여정이 빡빡하고 시간이 없을 것이라 생각해 서점에 들러 최근 출간된 책들과 지도를 사고자 했다.

호텔 방에서 내려다보는 옌볜 시내는 차도 많이 다니고 시도 때도 없이 울리는 자동차 경적 소리에 정신없어 보였다. 교통신호를 지키기나 하는지 도로 위의 광경이 어수선해 보였다. 저녁식사 시간에는 옌볜대학에 계시는 교수 한 분도 동석한다고 한다. 그분을 통해 중국과 북한의 따끈따끈한 얘기를 들을 수 있었으면 좋겠다.

중국의 허룽과 북한의 삼지연을 잇는 관광 코스

2013년 1월, 중국 지린 성의 8개 여행사에 대해 북한은 관광상품 취급을 승인했다.

특히 허룽 시는 지린 성에서 유일하게 두만강을 사이에 두고 북한의 함경북도와 양강도 등 2개 도와 마주한 시이다. 허룽 시는 1992년 정식으로 대북 관광 사업을 시작했으며, 2012년에는 처음으로 겨울철에도 북한을 관광하는 2~3일 코스를 시작했다.

중국 국가여유국國家旅遊局 집계에 따르면, 관광, 사업, 친지 방문 등의 목적으로 북한을 찾은 중국인 수가 2009년 9만 6,100명, 2010년 13만 1,100명, 2011년 19만 3,900명 등으로 급증했다.

반면 중국을 방문한 북한 주민은 2012년 18만 600명으로 2011년보다 18.6퍼센트 증가했다. 그중 취업 목적의 근로자가 7만 9,600명44퍼센트으로 가장 많았고, 사업 목적 방문자가 5만 2,200명31퍼센트으로 두 번째로 많았다.

한편 관광·레저 목적으로 중국을 찾은 북한 주민은 4,500명2.5퍼센트, 친지 방문은 200명0.1퍼센트 수준이었다.

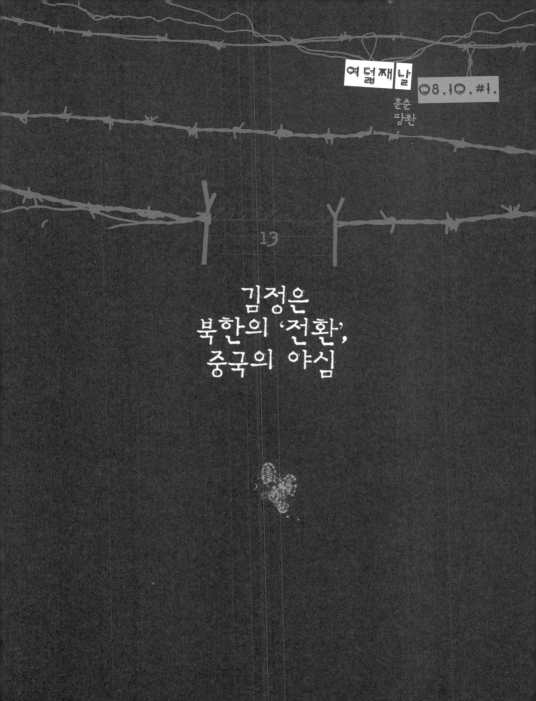

13

김정은
북한의 '전환',
중국의 야심

\#   훈춘 커우안.

1,376.5km

여덟째 날 ① 훈춘 → 팡촨

훈춘

엔지에서 특별한 행사 없이 하룻밤을 보내고 다음날에는 훈춘으로 향했다. 훈춘으로 가는 도중에 비가 내리기 시작했다. 우리 일행은 지금까지 보았던 것보다 훨씬 웅장한 커우안국경 관문 앞에 내렸다. 커우안의 규모가 크다는 것은 국경도시 중 훈춘의 위상이 그만큼 높고 역할도 크다는 것을 의미한다. 북-중 간의 관문인 커우안은 사람과 차가 다니는 다리 초입에 세워져 있었고, 대개 노란 선이 그어진 다리 중간 지점까지 걸어가 볼 수 있게 되어 있다.

그런데 오늘은 훈춘 커우안의 문이 굳게 닫혀 있었다. 공안들의 경비도 삼엄했다. 늘 그래왔듯이, 어제까지도 다리 출입이 허용되었는데 오늘 갑자기 문을 닫으라는 지시가 내려왔다고 한다. 출입 통제는 아마도 북한 쪽에서 요청한 것 같다는 설명도 있었다. 웬일인지 궁금했지만 더 이상 알아볼 수가 없었다. 커다란 관광버스에서 러시아 보따리장수들이 커다란 봇짐을 내리고 있었다. 아마도 중국에서 훈춘 해관을 통과해 러시아로 가는 길인 모양이었다. 커우안 주변 상점에는 중국 상품과 러시아 인형들이 진열되어 있었다.

옌볜 조선족자치주에 속한 훈춘 지역은 20여 년 전부터 인구 100만 명 규모의 공업도시로 육성되어 왔으나, 북한의 나선나진·선봉 개발이 늦어지면서 덩달아 개발이 늦어지고 있다고 한다. 나선의 개발이 늦어지고 있는 이유는 여러 가지가 있겠으나, 그중 하나가 전기, 수도, 도로와 같은 인프라가 잘 되어 있지 않아서라고 한다. 또한 러시아, 중국, 북한

\#   훈춘 개발을 알리는 간판.

간의 이해관계 충돌로 개발이 늦어지는 측면도 있다고 한다. 그런 점에
서 중국의 훈춘은 북한의 나선과 연계돼 개발되고 있는 도시라 해도 과
언이 아니었다.

　　최근 중국은 동북 3성의 경제 발전을 위해 중국 주도로 나선 지역
을 개발하려 하고 있다. 일차적으로 중국은 북한과 연결되는 도로 건설
에 중점을 두고 있는데, 훈춘 관내에 있는 취안허圈河의 강 건너 마을 원
정리에서 나선까지 72킬로미터 구舊도로를 52.9킬로미터로 직선화하고
있다고 한다. 두만강 접경 지역의 중국 도시들은 압록강 접경 지역 도시
들보다 더 활기차고 역동적이라는 느낌을 주었다. 그리고 두만강 하류
에 이르자 북한, 중국의 분위기와 더불어 러시아의 분위기가 느껴졌다.
북-중-러 3국의 색다른 풍광이 전해지면서 이 지역을 중심으로 전개되
는 3국의 팽팽한 긴장감도 동시에 느껴져 왔다.

팡촨에서,

북-중-러 3국의
경계에 서다

훈춘 커우안을 뒤로 하고 러시아-중국-북한 3국이 맞닿아 있는 팡촨防
川으로 향했다. 훈춘에서 팡촨 가는 길에 있는 취안허 커우안도 훈춘의
커우안처럼 초입에 바리케이드가 쳐 있었다.

취안허를 거쳐 중-러 국경도시 팡촨까지 가는 도로도 포장이 잘 되
어 있었다. 길은 훤하게 뚫려 있었으나 교통량이 그다지 많지는 않았다.
한적할 정도였다. 미래를 내다보고 만들어놓았으니 현재는 한가할 수도
있겠지 하고 생각했다. 지금까지 접경 지역을 지나오면서 내내 느낀 것
이지만, 중국 정부가 접경 지역에 사회간접자본을 투자하는 속도가 북-
중 경제협력보다 빠른 것 같다는 생각이 들었다. 그리고 현재의 한산한
도로가 언젠가는 복잡해지고 자동차로 꽉 찰 날도 얼마 남지 않은 것 같
았다.

훈춘에서부터 내리던 비는 팡촨에서 더 굵어졌다. 비가 오는데도
관광버스들이 제법 많았다. 3국의 경계선이 맞닿아 있다는 점이 관광객
들의 발길을 끌어들이는 매력인가 보다. 내게도 색다른 경험이었으니
말이다. 비가 주룩주룩 내리는 가운데 우산을 쓰고 전망대에 오르니 거
기에도 사람들이 북적거렸다.

옥상의 4면 중 3면에 각각 '日本海', '朝鮮', '俄罗斯'라는 명판이 붙
어 있었다. '아라사러시아'라고 씌어 있는 쪽을 바라보니, 멀리서 봐도 중
국이나 북한과는 다른 형태의 서양식 건물들이 넓은 들판에 듬성듬성
서 있었다. 들판 너머 저 멀리에 블라디보스토크가 있다고 한다. 그리고

\# 팡촨 전망대.

블라디보스토크 건너 루스키라는 섬이 있는데, 2012년 9월 아시아·태평양 경제협력체APEC 정상회의가 열리는 곳이라 한다.

블라디보스토크는 극동 러시아와 시베리아를 거쳐 유럽으로 가는 출발지인 동시에 아시아·태평양 진출을 위한 거점 도시로서, 이곳을 중심으로 극동 러시아 개발이 한창 진행 중이다. 특히 푸틴 대통령은 동진東進을 통해 경제 영토를 넓힌다는 계획과 더불어, 미국·중국·일본을 견제하면서 동북아 패권 경쟁에서 주도권을 쥐겠다는 생각으로 블라디보스토크 개발에 집중하고 있다고 한다.

연해주의 항만 도시인 블라디보스토크는 현재 인구 약 62만 명, 면적은 600제곱킬로미터이다2011년 기준. 극동 지역에서 경제·교육·과학·문화 분야에서 제일 큰 도시이며, 특히 천연가스 등 극동 러시아의 풍부한 자원을 운반하는 전초기지이기도 하다. 현대중공업, LS네트웍스, 포스코 등 한국의 기업들도 블라디보스토크에 진출해 사업 타당성을 지속적으로 살펴보고 있다. 2013년 4월이면 현대중공업이 블라디보스토크에 건설 중인 고압차단기GIS 생산 공장이 완공된다고 한다. 블라디보스토크에 진출한 한국 기업은 모두 26곳으로, 아직은 초기 단계이지만 농업과 에너지 부문에 특히 관심을 보이고 있다.

현재의 블라디보스토크를 일컬어 천지개벽이 일어날 태세라고 하기도 하는데, 이는 블라디보스토크가 외국 자본을 유치해 자본주의 실험을 진행하고 있는 것과 관련하여 붙여진 것이다. 카지노 건설을 비롯해 2개의 5성급 호텔도 문을 열고 앞으로 오페라하우스도 건립된다. 이를 위해 신공항이 새롭게 단장되었고, 도로는 물론 상하수도 시스템도 재정비되었다.

특히 한국은 에너지 분야에 관심을 갖고 있는데, 사할린 섬의 천연가스가 파이프를 통해 블라디보스토크까지 온다. 한때는 이 파이프를 통해 북한을 거쳐 한국으로 들어오는 구상도 했지만, 러시아는 블라디보스토크에서 천연가스를 액화해 LNG로 만드는 공장을 세울 계획이라고 한다. 이 프로젝트에 일본이 관심을 보이고 있다.

북한을 경유하는 사할린 가스 파이프라인이 성사되는 문제와 관련하여 러시아는 이 파이프라인이 러시아와 남·북한 모두에게 유리하게 이루어져야 한다는 생각을 기본적으로 갖고 있다고 한다. 돈과 투자가 모두 필요한 북한에게 파이프라인 건설은 주요 수입원이 될 것이다. 이에 앞서 블라디보스토크에서 나진항까지 연결되는 철도 건설 프로젝트도 계획 중인데, 이를 위해 북한과 러시아 교류가 활발히 진행될 것이라 한다. 특히 러시아는 나진 진출 확대를 모색하고 있는데, 나진 지역에 대한 중국의 영향력 확대에 선제적으로 대처하기 위해서다. 최근 이렇듯 블라디보스토크가 관심을 끄는 이유는 한반도와 중국, 러시아, 일본이 마주하는 전략적 요충지이기 때문이다.

한편 '일본해'라고 씌어 있는 쪽을 보니 동해로 흘러 들어가는 두만강 하구가 보였다. 넓게 펼쳐진 하구와 동해 바다가 시원하게 펼쳐져 있

1   전망대에서 바라본, 두만강 하류의 러시아 쪽 전경.   2   전망대에서 내려다본 북–러 철교. 왼쪽이 러시아, 오른쪽이 북한 땅이다.

었다. 그리고 '조선'이라고 씌어 있는 쪽을 바라보니 너른 들판이 펼쳐져 있고 멀찌감치 북한의 산들이 보였다.

전망대에서 보이는 3국을 통해 팽팽한 긴장감을 느꼈다. 역사적으로도 복잡한 이해관계가 얽혀 있던 곳에서 다시 새로운 이해관계가 조성돼가고 있다는 생각에 바라보는 내 마음은 편치 않았다.

우리뿐만 아니라 전망대에 올라와 있는 중국 관광객들은 비가 오는데도 망원경으로 열심히 이 방향 저 방향 쳐다보기에 여념이 없었다. 전망대를 내려오니 비가 그쳤다. 전망대 아래에는 동해 쪽으로 중국과 러시아의 경계선을 표시하는 토자비土字碑가 서 있었다.

토자비에는 광서光緖 12년 4월에 이 비가 세워졌다고 씌어 있었다. 청나라 마지막 황제인 선통제宣統帝, 청나라 멸망 후 훗날 일본이 세운 만주국의 황제로 옹립됨의 연호가 광서이고, 광서 12년은 1886년이다. 1886년은 러시아의 동방 진출 정책이 한창 전개되던 시점으로, 청나라를 만만하게 본 러시아가 영토 문제를 일으키던 때였다. 팡촨의 토자비는 이런 상황에서 획정된 중-러 국경선을 알리는 비석이었다. 국운이 쇠잔해가던 중국의 아픔이 배어 있는 국경 표지석이었다. 오전 일정을 마무리하고 우리는 약속된 점심식사 장소로 이동했다.

‡ 철조망 너머로 본 토자비. 1886년, 국운이 쇠잔해가던 중국의 아픔이 배어 있는 중-러 국경 표지석이다.

나선 가는 길목의

팡촨에서 다시 옌지로 돌아오는 길에 훈춘 시 관계자와 점심을 같이 했다. 북한에 대해 따끈따끈한 얘기를 듣는다는 것은 기자뿐 아니라 연구자에게도 흥미롭고 기대되는 일이다. 이름이나 직위를 밝힐 수는 없지만, 중국 동북 지역과 북한 나선나진·선봉 연계 개발 행정을 맡고 있는 사람이다. 그는 지난 7월 말에서 8월 초, 5일간 북한 나선에 다녀왔다고 했다. 우리를 만나기 전 일주일도 채 안 되는 시기에 북한을 다녀온 사람이었다.

그는 자주 북한을 방문하는데, 중국에서 북한으로 들어갈 때 "여기가 이제 조선이구나" 하고 깨닫게 되는 순간이 들판의 옥수수가 자신의 눈에 들어오는 순간이라고 했다. 북한의 옥수수는 중국 옥수수에 비해 키가 절반밖에 안 된다고 했다. 그리고 나선으로 가는 길목에 삶은 달걀을 파는 북한의 아낙네들이 많이 나와 있는데, 삶은 달걀 10개를 10위안에 판다고 했다. 북한 관리들의 한 달 평균 월급이 대략 만 원약 20위안이니 북한 주민들에게 삶은 달걀 값 10위안은 큰돈인 셈이다. 요사이 북한 주민들은 모두 삶은 달걀을 파는 아낙네들처럼 돈 벌어 잘사는 것이 꿈이라고 했다.

나선에는 러시아 사람들이 특히 눈에 많이 띄는데, 러시아와 북한 간 철도 공사 때문에 와 있는 사람들이라고 했다. 러시아는 중국, 홍콩에 이어 세 번째로 북한의 철도 공사에 참여하고 있다고 했다.

얼마 전 중국은 나선에 '농촌신용회사'를 세웠다고 하는데, 금융회사를 나선에 세운 이유는 북한과 중국 사이의 경제 거래를 원활하게 하기 위한 것이라고 했다. 그리고 중국에서 나선까지 가는 52.9킬로미터의 고속도로와는 별개로 29킬로미터의 4차선 고속도로를 중국이 새로이 건설할 계획이라는 말도 덧붙였다.

또한 그는 나선에서 30분 거리에 있는 비파도에 가면 북한의 개방이 빠르게 진행되고 있는 것을 알 수 있다고 했다. 중국은 개방 30년 만에 휴대전화가 보편화되었는데, 현재 북한에서 휴대전화를 들고 다니는 사람들이 많이 눈에 띈다고 했다. 그는 자신이 생각하기에 북한은 잠재력이 있기 때문에 개방이 일단 시작되면 그 속도가 굉장히 빠를 것이라는 전망도 했다. 8월 13일부터 시작되는 주에 3차 '조·중관리위원회'가 시작될 것이라고 했는데, 서울에 도착한 후 그가 말한 대로 장성택이 중국을 방문했다는 언론 보도가 있었다. 그의 말은 믿을 만했고 정보로서 가치도 있었다.

그는 최근 있었던 북한 리영호 총참모장 실각에 대해서도 자신의 견해라는 단서를 달고 얘기를 했다. 그러나 그것이 자신만의 견해일까? 북한에서 들은 얘기든지 최소한 중국 관리들의 견해라고 보아야 할 것이다. 그에 따르면, 김정은은 선군정치와 개혁을 병행하고자 하며 인민 생활 개선을 제일의 목표로 삼고 있는데, 리영호가 여기에 반대하는 입장이었기 때문에 실각한 것이 아닌가라고 생각한다고 했다.

김정은 체제가 들어서면서 북한은 '돈줄'을 한 곳으로 모으는 중이라고 한다. 이 같은 일의 중심에 장성택 일파가 있는데, 리영호 총참모장이 숙청된 것도 군에 집중된 외화벌이 사업을 내각으로 가져오는 과정에서 비롯됐다는 것이 정설로 받아들여지고 있다. 또한 최근에는 김정일의 통치자금을 관리해오던 38호실을 폐지해 내각으로 통합했으며, 외자 유치 창구였던 대풍그룹을 정리하기도 했다. 이는 모두 자금을 한 곳으로 모으려는 의도로 풀이된다.

중국의 출해권과 나선 개발

두만강의 전체 길이는 547.8킬로미터다. 그중 발원지로부터 530.87킬로미터에 달하는 구간은 북-중 국경을 이루면서 흐른다. 그러다가 동해로 빠져나가기 바로 직전에 두만강은 북-러 국경을 이루면서 바다로 흘러간다. 북-러가 공유하는 두만강의 길이는 16.93킬로미터에 불과하지만, 이 짧은 거리의 두만강 하류 때문에 중국의 배는 태평양으로 나갈 수가 없다. 중국 동북 3성 중 랴오닝 성은 다롄, 단둥 등에 좋은 항구를 가지고 있지만, 헤이룽장 성과 지린 성은 바다로 나가는 항구가 없다. 동해로의 출해出海 항구가 없으니 중국은 대안으로서 북한의 나선 지역 개발에 관심이 많은 것이다.

동북 3성은 에너지와 자원의 보고이자 중요 생산기지다. 현재 중국 정부는 동북 3성과 북한의 연계 개발에 동북 지방 경제의 사활을 걸고, 국가 차원에서 이 지역을 개발하고 있다. 중국의 동북 지역 경제 활성화 프로젝트의 중심에 나선이 자리 잡고 있는 것이다.

예나 이제나 나선은 지경학적으로 매우 중요한 지점에 자리 잡고 있다고 할 수 있다. 지금은 중국이 욕심을 내고 있지만, 일찍이 일제가 만주나 조선에서 약탈한 물자를 일본으로 실어 나르고, 만주 지역을 공략하기 위한 군수품을 일본으로부터 들여오던 항구가 바로 나진항이었다.

중국이 국가 차원에서 나진항에 관심을 갖고 북-중 협력을 강화하기 이전인 1995년에도 나선은 유엔개발계획UNDP의 '두만강 지역 개발계획TRADP'의 중요 대상으로 포함되어 있었다. 남북 총리급회담이 성과를 내면서 북한의 대미 접근 노력이 경주되던 1991년 12월, 북한은 나진·선봉을 '자유경제무역지대'로 지정했다. 그리고 이후 수년간 해외투자를 유치하기 위해 노력했던 적이 있다. 나선은 그만큼 북한의 대외관계에서 중요한 위치를 점하고 있는 곳이다.

나선 개발을 통해 동북 지역의 물류 문제를 해결하려는 중국은 2008년 나진항 1호 부두 사용권을 따낸 데 이어, 최근에는 4호, 5호, 6호 부두 건설권과 50년 사용권을 확보하였다. 나진항 1호 부두의 보수공사와 4~6호 부두 건설이 끝나면 중국은 나선을 통해 연간 600만 톤의 물동량 처리 능력을 갖게 된다고 한다.

중국 경제가 급성장하면서 중국은 태평양으로 나가기 위해 청진항[15]

---

15 2012년 12월, 북한은 나진항에 이어 청진항을 개방, 향후 청진시를 자유무역구로 개발할 의사를 중국에 타진했다. 중국의 선전, 둥완 같은 도시를 모델로 청진항 개발을 시도하려는 것이다. 이미 청진항은 2008년 6월 북한과 접경한 지린 성 투먼 시와 북한의 청진철도국이 항만 이용에 관한 협약을 맺고, 중국 내륙 화물의 육·해 복합운송을 추진해왔다. 2012년 9월에는 투먼 시 소재 민영 기업인 옌벤하이화그룹延邊海華集團이 평양에서 북한 항만총회사와 정식 계약을 체결하고 청진항 해운항만합작경영회사를 공동 설립했다. 그리고 양국은 중국 측이 하역설비, 운수도구, 항만건설기재 등 943만 유로약 130억 원를 투자하는 조건으로, 연간 물동량 처리 능력 700만 톤인 청진항 3·4호 부두를 30년간 공동 관리·이용하기로 합의했다.

도 활용하려고 한다. 청진항의 경우 기존 진출국인 러시아와 경쟁을 해야 하지만, 중국이 청진항 3·4호 부두를 확보하게 되면 북한의 나진항과 청진항을 통해 연간 총 1,300만 톤의 물동량 처리 능력이 생긴다고 한다.

북한의 나선과 중국의 훈춘은 중국의 동북 지역 개발 프로그램의 하나인 '창지투창춘-지린-투먼 계획'과 연결되어 있다. 현재 중국의 이 같은 움직임이 경제적인 차원에서 추진되고 있다고는 하지만, 장차 군사적인 측면으로 확대되는 것을 우려하지 않을 수 없다. 자국의 상선을 보호한다는 명분으로 중국 해군이 동해에 수시로 출현할 가능성을 배제할 수 없기 때문이다. 앞으로 중국 경제의 '쓰나미'가 나진항과 청진항을 통해 일본과 태평양으로 몰려갈 것이다. 이에 대해 러시아와 일본이 예의 주시하고 있으며, 특히 일본은 중국의 동해 진출에 가장 긴장하고 있다고 한다.

북한은 오래 전부터 나선을 국제 화물 중개지, 수출 가공 기지, 관광·금융의 경제특구로 발전시키고자 했다. 그러나 미사일 발사나 핵실험 등 안보 문제 때문에 국제적 협조를 받아내지 못한 탓에 이렇다 할 성과를 거두지 못하고 있다. 북한이 중국의 움직임과 계획에 비교적 협조적인 자세로 호응하고 있는 것은, 현실적으로 중국 외에는 북한에 협조적인 나라가 없기 때문이라고 할 수 있다. 북한이 나진항을 중국이나 러시아를 통해 개발하고 중계무역 기지로 활용하려는 것도 이 같은 맥락에서일 것이다.

북—중—러 3국의 교통

이들 접경 지역의 기존 교통망은 철도 중심으로서, 도로 교통이나 하천 운송은 보조적인 역할을 담당했었다. 하지만 경제 성장과 함께 중국은 자동차 교통이 급속히 발전하면서 고속도로를 포함한 접경 지역의 도로 건설에 역량을 집중하고 있다. 2008년 개통된 창춘-투먼의 4차선 고속도로를 연장한 62.7킬로미터의 투먼-훈춘 간 고속도로가 2010년 완공됐다. 그래서 창춘에서 훈춘에 이르는 583킬로미터가 종전 8시간에서 4시간 30분으로 단축됐다.

북한도 도로 운송의 중요성을 알고 철도 위주의 교통 체제에서 벗어나려고는 하나, 극심한 경제난과 에너지 부족으로 큰 진전이 없는 상태다. 오히려 중국 측에 북한 내 도로 건설 요청을 포함한 경제협력을 모색하고 있는 실정이다.

러시아도 극동 지역 개발을 위한 인프라 건설이 한창이다. 특히 이 같은 개발 중심에 블라디보스토크가 있는데, 러시아 정부의 투자가 이 지역에 집중되고 있다. 예를 들어 시베리아 횡단철도TSR와 한반도 종단철도TKR를 연결하려는 계획 등이다.

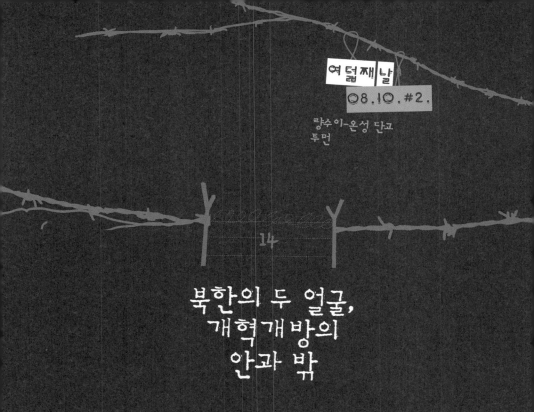

14

북한의 두 얼굴,
개혁개방의
안과 밖

\#   량수이-온성 단교.

1,376.5km

여덟째 날 ② 량수이-온성 단교 → 투먼

훈춘 시 관계자를 만나고 옌지로 돌아오는 길에 랑수이涼水라는 곳에 들렀다. 압록강에는 단둥과 허커우 두 군데에 단교가 있었고 두만강에는 랑수이에 단교가 있다고 해서다.

　랑수이-온성 다리는 일제가 만주에서 약탈한 물자를 일본으로 후송하기 위해 1936년에 건설했다고 한다. 그런데 제2차 세계대전 막바지였던 1945년 8월, 소련이 일본에 선전포고를 하고 일본군에게 맹렬한 폭격을 가하자 일본군은 이 다리를 통해 한반도로 퇴각했다. 퇴각하면서 소련의 추격을 막기 위해 일본 스스로 랑수이-온성 다리를 폭파했다고 한다. 이 다리가 끊기자 소련군은 온성 쪽 육로로 전진하지 못하고, 8월 6일 청진, 웅기 쪽으로 돌아서 북한 지역에 들어왔다고 한다.

　6·25전쟁 때 끊어진 압록강 단교와는 달리 1945년 일본군이 끊었다는 랑수이-온성 단교를 보고 나서, 단교에서 상류 쪽으로 좀 떨어진 곳에 있는 인도교 쪽으로 갔다. 다리 시작 지점에 초소 같은 것도 없이 중국 군인 두어 명이 서 있을 뿐이었다. 건너편 북한 군인도 어딘가에서는 이쪽을 보고 있겠지만 우리 눈에 띄지는 않았다. 경비도 그다지 삼엄하지 않았고, 8월의 뜨거운 태양 아래 주변은 너무나 조용하고 나른하기까지 했다.

　우리가 걸었던 인도교는 북한의 온성으로 가는 다리지만, 온성을 거쳐 그 유명한 아오지로도 연결된다. 아오지는 6·25전쟁 당시 국군 포로를 보냈던 곳으로 '아오지 탄광'으로 유명한 바로 그곳이다. 북한에서

1 량수이의 인도교. 온성을 거쳐 그 유명한 아오지까지 연결된다.
2 단교에서 바라본 북한 땅.

가장 척박하고 휴전선에서 가장 멀리 떨어져 있다고 해서 우리 국군 포로를 보냈던 곳인데, 이제는 북한의 반체제 인사들을 귀양 보내는 곳이라 한다.

한반도 최북단을 거쳐,   투먼에서 남양을 바라보다

량수이에서 옌지로 다시 돌아오는 길에 우리는 한반도 최북단 지점, 그러니까 지도에서 토끼 귀처럼 뾰족하게 중국 쪽으로 들어간 곳 건너편에 잠시 차를 세웠다. 두만강이 거의 90도 가까이 굽어 돌아 나가는 곳으로, 건너편에는 마을도 없고 그리 높지 않은 산 하나만 덩그러니 서 있었다.

　북한 남양이 건너다보이는 투먼圖們에 도착했다. 김정일은 생전 마지막 해인 2011년 5월 중국 동북 지방 방문 시 투먼을 경유하여 중국에 들어갔다. 이후 두 차례 더 김정일이 투먼을 거쳐 중국을 방문함으로써 북-중 관계에서 투먼의 비중이 높아졌다고 할 수 있다. 남양을 바라다볼 수 있는 투먼 커우안 가는 길에 차창 밖으로 투먼 철도역이 보였다. 단정한 옷차림의 중국 공안이 보초를 서고 있었고, 철로와 역 주변, 역사驛舍도 방금 만들어놓은 양 아주 깨끗하게 관리되고 있었다.

　투먼의 철도는 북한의 남양으로 건너가 함경선 철도와 연결되면서 북-중 통상·무역에서 중요한 역할을 하고 있다. 단둥에 이어 동북 지

♯　투먼에서 바라본 두만강. 저 너머가 한반도의 최북단이다.

북한과 연결된 투먼 철교.

역에서 두 번째로 많은 양의 북-중 간 물류를 소화해내고 있는 곳이 투먼이라고 한다. 투먼 역은 1954년부터 국제 수송을 시작했는데, 북한의 나진항·청진항과는 철로로 직접 연결되고 있다. 북한의 나진역을 거치면 러시아 극동 철로와도 연결될 수 있어 투먼 역은 북한 외에 러시아나 일본과의 수출입 물자 중계수송 거점으로서의 기능도 담당하고 있다.

김정일도 투먼 쪽 철로를 이용해서 중국에 들어왔었지만, 투먼에서 베이징을 오가는 기차가 한 시간에 한 대씩 운행될 정도로 투먼은 교통과 물류의 요지이다. 투먼에서 출발하는 관광열차는 남양으로 건너간 뒤 청진을 거쳐 칠보산까지, 일주일에 한 번씩 운행하고 있다고 한다.

투먼 커우안 주변에는 주차장도 마련되어 있었고, 상점과 식당들이 즐비했다. 그에 비해 망원경으로 본 건너편 남양은 한산하고 빈한한 농촌 마을이었다. 도시와 농촌의 격차가 느껴졌다. 중국은 나날이 모습이 바뀌어가고 있는데 건너편 북한은 시계가 멈춰 선 것 같다는 생각이 들었다.

북-중 간

두만강 하류 중국 쪽 지역에서는 압록강 쪽보다 많은 북-중 간 철도와 도로 공사들이 진행되고 있었다. 북-중 간 인프라에서는 도로보다 철도가 상대적으로 큰 비중을 차지하고 있는데, 기존 북한 철도의 현대화와 관련된 협상 과정에서 북-중 양측 사이에 몇 가지 문제들이 있다고 한다.

우선 북한의 철도 침목은 나무인데 중국 침목은 시멘트로 만들어져 있어 두 나라 철도를 연결하는 데 어려움이 있다고 한다. 나무 침목을 사용할 경우 기차의 운행 속도는 시속 40킬로미터 정도에 불과하고, 노반이 약한 탓에 과속시 탈선의 위험마저 있다고 한다. 신의주에서 평양까지의 철도 침목도 아직까지 나무라고 한다. 이 같은 차이는 북-중 철로를 연결하는 데 문제점으로 나타나고 있다.

그런데 협상 과정에서 북한은 중국이 철도를 현대화해준다고 하는 데도 조건을 많이 내건다고 한다. 첫째, 북한은 중국이 공사를 하더라도 기술 검수, 즉 준공 검사는 반드시 자기네가 해야 한다고 주장한다는 것이다. 둘째, 북한은 철도 주변의 주택을 정리하는 문제에서 공사를 하는 중국에게 보상을 요구하고 있다는 것이다.

얼핏 보기에는 터무니없는 요구 같지만, 분명 이유가 있을 것이라는 생각이 든다. 북한이 중국에게 왜 이런 일방적인 요구를 하는 것일까? 내 생각으로는, 중국이 북한과의 철도 연결을 절실하게 필요로 하고 있다고 북한이 판단하고 있기 때문이 아닐까 싶다. 북한은 외교 협상에서 상대방의 의중과 필요를 역이용하는 데 둘째가라면 서러워할 정도로 영악한

면이 있다. 현실적으로 중국은 대북 진출을 위한 접경 지역 교통망 확충에 오래전부터 공을 많이 들여왔는데, 이는 북-중 간 교통 인프라 구축이 중국의 동북진흥계획과 연계되어 있기 때문이다. 창지투 개발계획과 랴오닝 연해 경제벨트 개발계획, 동북 3성을 가로지르는 총 1,380킬로미터의 동변도東邊道 철도 건설 계획 등이 모두 여기에 포함된다.

헤이룽장 성 수이펀허綏芬河에서 출발하여 두만강과 압록강변을 따라 달리다가 단둥을 거쳐 다롄으로 이어지는 동변도 철도와, 선양-단둥 고속철도, 창춘-훈춘 고속철도, 단둥-퉁화 고속도로, 퉁화-옌지 고속도로 등이 잇달아 건설되고 있다. 또한 철광석 수송을 위해 북한의 무산과 중국 지린 성 난핑을 잇는 철도, 나선 개발을 위한 북-중 통로 6곳 등이 새로 개발·정비되고 있다.

이들 교통망은 중국의 동북 주요 도시와 북한 접경 지역을 잇는 것으로, 중국은 북한이 개방하면 이들 교통망을 북한의 주요 산업도시까지 연장하여 대북 진출을 원활하게 한다는 구상을 가지고 있는 것이다.

개혁개방과 전환 사이, 북한의 본심은?

운 좋게도 우리는 옌지에서, 최근 중국을 방문한 북한 학자들과 많은 얘기를 나눈 적이 있는 조선족 동포 학자 한 분을 만났다. 그는 김정은 집권 이후 북한이 적극적으로 개혁개방하려 한다는 점을 강조했다. 2012

년 7월 중국 사회과학원이 주최한 세미나에 참석한 북한 학자가 개혁개방이라는 단어를 스스럼없이 쓰면서, 개혁개방에 대한 강한 의지를 내비쳤다는 말을 우리에게 해주었다.

우리 모두가 잘 알다시피, 북한 학자들이 밖에 나가서 개인 소견을 말할 수는 없다. 그런 점에서 북한 학자가 중국 학자들에게 개혁개방에 대해 적극 발언했다면, 그건 김정은 집권 이후 북한 당국의 정책이 그쪽으로 방향을 틀었다는 것을 의미하는 것이다. 조선족 학자는 북한 학자들이 예전과는 아주 다른 태도를 보였다고 덧붙이기까지 했다.

이번 답사를 마치고 돌아온 뒤, 나는 2012년 10월 말경 일주일간 평양을 방문하고 서울에 온 재미동포 의사 한 분을 만난 적이 있다. 그는 북한이 개혁개방이라는 용어를 쓰기 싫어한다고 하면서, 개혁개방이라는 용어 대신 '전환轉換'이란 말을 쓰더라는 얘기를 했다. 그가 설명하기로는, 북한 바깥에서 북한을 상대로 쓰는 개혁개방이라는 용어에 담긴 함의 때문에 북한은 이 말에 거부반응을 보인다고 했다. 그러면서 그는 북한이 '전환'을 위해 어떻게 법을 개선하면 좋을지 고민하고 있더라고 덧붙였다.

'전환'을 시작하기 전에 법과 제도부터 개선하는 것이 순서이기도 하지만, 북한이 법 개정까지 염두에 두고 있다는 것은 개혁개방에 대한 그들의 의지가 어느 정도인지를 가늠하게 해준다. 북한은 특히 경제특구를 법제화할 때 어떻게 시장경제 원리에 맞춰야 할지에 대해서까지 고민하고 있더라고 했다. 즉 북한은 자신들의 체제를 유지하면서 어떻게 개혁개방을 할지 고민하고 갈등 중인 것으로 보였다고 한다. 좀 과장된 것이기는 하지만, 북한은 "우리를 적대시하는 나라의 자본까지도 받아들일 마음의 준비가 되어 있다"고 할 정도라고 했다.

위의 조선족 학자와 재미동포 의사의 말을 종합하면 대체로 이렇게 정리할 수 있을 것 같다. 김정은은 개혁개방에 강한 의지를 가지고 있다. 다만 북한 바깥에서, 개혁개방을 하면 체제가 붕괴할 것이라느니, 그것이 두려워 결국 절대로 개혁개방을 하지 못할 것이라느니 왈가왈부하는 것이 기분 나쁘고 부담스럽다는 것이다. 요컨대 북한은 지금 개혁개방이 필요하다고는 보고 있으나 그것이 내부의 일반 주민들에게 미칠 파급효과 때문에 갈등을 겪고 있지 않나 싶다. 그 와중에 내용상으로는 '개혁개방'이지만 대내적으로는 용어상 '전환'이라는 말을 쓰지 않았나 하는 것이 내 생각이다.

대외적으로 중국과 같은 나라에 대해서는 개혁개방이라는 용어를 거리낌 없이 쓰지만, 북한 내부에서는 '전환'이라는 개념을 빌려 사실상 개혁개방을 기정사실화해 나가는 것이 아닌가 싶다. 나는 지안-만포 철교로 가는 길옆 벽보에 북한이 개혁개방하고 있다고 씌어 있었던 것을 되짚어보면서, 북한이 밖으로는 개혁개방 얘기를 거침없이 꺼내고 중국도 그걸 인정하고 있는 것이라는 생각을 했다.

북한은 최근 발표된 '6·28 방침'에서, 종래 쓰던 '강성대국'이라는 용어 대신 '강성조선'이라는 용어를 썼다. '강성조선'은 욕심 부리지 않고 북한의 실정에 맞게 북한을 발전시키겠다는 것으로 해석할 수 있다. 북한은 중국의 개혁개방 방식과 결과에 관심을 보이고는 있으나, 그렇다고 해서 북한이 과연 중국의 모델을 받아들일지는 아직 알 수 없다.

중국은 접경 지역 개발 정책을 '부린富隣 정책' 또는 '화린和隣 정책'이라고 한다. 이는 접경 지역에 대한 적극적인 투자를 통해서 인접 국가를 부자로 만들어주고 인접국가와 화목하게 지내겠다는 뜻이다. 변경 지역, 접경 지역에 대한 투자는 바로 중국의 인접국 외교의 일환인 셈이다. 이에 따라 중국은 두만강 개발을 본격적으로 추진하고 있다.

중국의 대북 경제 진출, 축복일 뿐인가

두만강 쪽 접경 지역의 활기는 압록강 쪽보다 더하면 더했지 모자라지 않았다. 이 같은 활기의 뒷면에 숨어 있는 중국의 야심이 내심 걱정되었다. 지난 수년간 남북 교류·협력이 중단되면서, 북한으로서는 대안이 없는 상황에서 북-중 경제협력이 심화되고, 그 와중에 북한의 영토가 중국의 안마당이 되어가고 있지 않은가 싶어서다. 나선, 청진 등지에 중국은 자신들의 자본과 기술로 항만과 부두를 건설하고 건물들을 짓고 있다. 이렇게 되면 나선과 청진이 결국 19세기 말 20세기 초 중국의 주요 해안도시에 있던 서구 열강의 조계租界와 비슷한 처지가 될 수도 있다는 생각이 든다.

최근 공개된 '조-중 라선경제무역지대와 황금평경제지대 공동개발 총계획'이라는 문건에 따르면, 중국은 접경 지역 북한 땅인 황금평을 100년간 임차하고 대신 매년 5억 달러약 5,400억 원에 이르는 임대료를 북한에 주기로 했다고 한다. 황금평은 총면적 1,145제곱킬로미터에 이르는, 여의도 면적의 약 1.5배에 달하는 규모로, 벼농사가 잘 되는 비옥한 지역이다. 또한 중국은 2008년 나진항 1호 부두에 이어 2012년 5월에는 나진항 2호 부두의 20년 사용권을 확보했으며, 청진항 사용권 확보도 추진하고 있다.

100년간 임차하기로 했다면 그곳은 사실상 중국의 영토나 마찬가지가 되는 것은 아닐까. 중국이 영국에게 홍콩을 99년 동안 조차租借해 주었다가 1997년에 반환받았지만, 그동안 홍콩은 딴 세상이 되었다. 그래서 중국은 부득이 홍콩을 1국 2체제로 운영하고 있다. 바꾸어 말해서 오늘날 홍콩은 중국의 일부이면서도 본연의 중국은 아닌 것이다. 역사가 꼭 같은 방식으로 되풀이되는 것은 아니지만, 중국이 북한으로부터 빌려 쓰는 곳들이 훗날 홍콩처럼 되는 것은 아닌지……

우리 사회 일각에는 북한의 경제 개발권을 우리가 아닌 중국이 갖거나, 중국이 북한의 영토를 잠식하는 것이 우리와 무슨 상관이냐고 말하는 사람들도 있다. 그러나 그건 아니라고 본다. 북한이 지금도 우리와 군사적으로 적대적인 관계에 있다고 해도 북한은 우리와 한 민족이다. 북한은 통일의 대상이자 동반자이다. 통일 후의 북한은 우리의 경제권역이며, 그 영토는 우리의 영토이다. 우리나라 헌법 제3조에도 '대한민국의 영토는 한반도와 그 부속도서로 한다'고 되어 있다.

북한의 경제적 이권과 영토가 우리가 보는 앞에서 중국에게 넘어가고 잠식당하고 있는 것은 참으로 안타까운 일이다. 우리 민족 전체의 번영과 이익을 위한 길이 무엇인지, 그리고 그 방법과 과정이 어떠해야 하는지를 고민해야 할 것 같다. 북-중 접경 지역을 답사하는 동안 보았던 장면들, 들었던 이야기들, 그리고 느꼈던 소회를 종합하면 한마디로 '걱정과 우려'라고 정리할 수밖에 없을 것 같다. 그다지 길지 않은 여정이었지만 그동안 보고 듣고 느끼고 고민한 정도로 말한다면 매우 길었던 이번 답사를 끝내면서, 마음이 후련하기는커녕 오히려 무거워졌다. 그러나 민주주의와 자유롭고 활력 넘치는 경제를 기반으로 하는 '통일 한반도'를 꿈꾸면서 새로운 대북 정책과 전략을 수립한다면 이제라도 늦지는 않으리라.

두만강을 도보로 건너는
외국인 관광상품

서양 관광객들이 중국 지린 성 투먼 시와 함북 온성군 남양구를 잇는 다리를 건너는 관광상품이 북한 당국으로부터 허가됐다. 이 관광상품을 개발한 '영파이어니어 투어스'는 서양인 최초로 2012년 11월, 해당 관광 코스를 답사하는 관광상품 개발 허가를 받았다고 한다. 투먼-남양 다리를 건너 북한의 함경북도 지역을 돌아보는 관광상품은 예전에는 중국인에게만 허용됐지만 서양인들에게는 이번이 처음이라고 한다.

서양 관광객들은 투먼에서 북한의 남양까지 도보로 다리를 건넌 다음 승합차를 타고 함경북도 회령시, 청진시, 칠보산 등을 방문한다. 6일 동안 진행되는 이 관광상품의 비용은 990유로 약 137만 원 정도이다. 2013년 4월 처음으로 이 관광상품이 시작되었다.

투먼 시는 중국 측 전망대에서 북한 남양시 일대를 조망할 수 있는 대표적인 국경 관광지이다. 북한과 중국을 잇는 9개의 다리 중 6개가 두만강에 놓여 있는데, 그중 하나인 투먼-온성 간 도로는 비교적 통행 인원이 많은 다리다. 특히 중국은 북-중 연결 교량을 늘리기 위해 애쓰고 있는데, 도로와 철로가 모두 연결된 남양과 투먼 사이에 새 교량을 놓는 공사도 2014년쯤 시작될 예정이라 한다.

한편 북한을 방문하는 외국인이 자신의 휴대전화를 북한으로 가져갈 수 있게 되었다. 북한-이집트 합작 휴대전화 업체인 '고려링크'가 외국인의 북한 내 휴대전화 사용을 북한 당국이 허용했다고 밝혔다. 2013년 1월부터 세관에 휴대전화 단말기 식별 번호를 등록하면 휴대전화를 북한에 반입할 수 있다. 다만 외국인은 북한 주민과 다른 종류의 유심 카드를 사용하기 때문에 서로 통화할 수는 없다고 한다. 현재 북한에는 180만 명의 주민이 3G 휴대전화를 사용하고 있는데, 멀티문자서비스MMS와 화상전화 외에 인터넷 접속이나 국제전화 등의 서비스는 지원되지 않는다.